AF494769

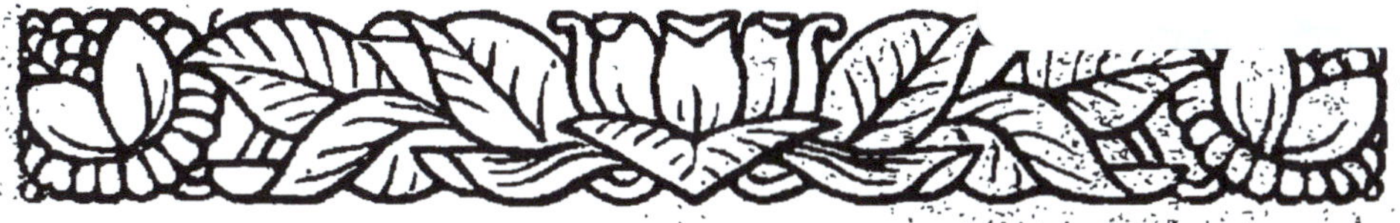

MES INCONNUS CHEZ EUX

★ ★

MON AMI SOUMARÉ

LAPTOT

PAR

LUCIE COUSTURIER

"TÉMOIGNAGES"

RIEDER ET Cie, ÉDITEURS

7, PLACE SAINT-SULPICE, 7 — PARIS-VIe

Troisième édition

MSS INCONNUS — II 1

MES INCONNUS CHEZ EUX

MON AMI SOUMARÉ

LAPTOT

4° Lk¹¹ 1170 A

DU MÊME AUTEUR

DES INCONNUS CHEZ MOI
(Un volume. LA SIRÈNE-CRÈS).

MES INCONNUS CHEZ EUX : *Mon amie Fatou, citadine.*
(Un volume. F. RIEDER ET Cie, Editeurs).

SEURAT
(Un volume avec 41 similigravures, CRÈS).

SIGNAC
(Un volume avec 44 similigravures, CRÈS).

LUCIE COUSTURIER

MES INCONNUS CHEZ EUX

* *

MON AMI SOUMARÉ

LAPTOT

TROISIÈME ÉDITION

F. RIEDER ET Cie, ÉDITEURS
7, PLACE SAINT-SULPICE, 7
PARIS
MCMXXV

IL A ÉTÉ TIRÉ DE CET OUVRAGE 300 EXEMPLAIRES SUR VÉLIN PUR FIL DES PAPETERIES LAFUMA, DE VOIRON, NUMÉROTÉS DE 1 A 300.
CES VOLUMES CONSTITUANT L'ÉDITION ORIGINALE.

ET 15 EXEMPLAIRES SUR VÉLIN PUR FIL DES PAPETERIES LAFUMA, DE VOIRON, EXEMPLAIRES HORS-COMMERCE, NUMÉROTÉS DE A A O.

Droits de traduction et de reproduction réservés pour tous pays.
Copyright by F. RIEDER et Cie, 1925.

Sur le Niger.

23 *janvier* 1922.

Mamady, à qui j'ai donné un congé de convalescence s'est embarqué hier pour Kouroussa[1] avec sa femme. Je les retrouverai à Kissidougou dans deux mois. Je vais naviguer à mon tour en sens inverse, vers Bamako. J'occuperai seule avec les quatre laptots et leur patron noir le chaland bâché à l'usage des fonctionnaires en déplacement.

Un petit incident avant de partir. Le patron laptot et l'agent français de la compagnie de navigation se disputent sur la berge à côté de moi. Le noir, d'une cinquantaine d'années, montre un visage dur et accidenté. Les doubles cavernes de ses yeux et de ses narines, le fossé de sa bouche sont encore prolongés par des rides horizontales. Maintenant que, sous l'influence de la colère, ces plis se tassent dans

1. La carte de l'itinéraire suivi par Mme Lucie Cousturier, pendant son voyage en Afrique, a été publiée en tête du tome premier de *Mes Inconnus chez eux*.

un rictus, l'homme est effrayant. Aux derniers mots qu'il a prononcés, il s'est rejeté en arrière comme pour mieux foncer au besoin et quand il regarde l'agent blanc, jeune et rose, plus petit que lui, ce vieux loup du Niger semble prêt à le dévorer comme un faible agneau.

Je n'ai pas compris deux mots du dialogue en malinké, mais poliment le Français me l'explique.

— Croyez-vous, ce saligaud-là, il m'a presque insulté ! Je ne lui disais rien, absolument rien : « Tu tâcheras d'aller vite, hein, lui ai-je dit, ou tu verras ! » C'était tout naturel avec ces flemmards. Et savez-vous ce qu'il m'a répondu ? « Je ferai mon service comme d'habitude, rien de plus ! » Quel insolent ! Il a bien fallu après cela que je le remette à sa place.

Je pense à la mienne au moral, à la place que je vais garder pendant trois jours auprès du vieil homme qui déjà manœuvre la barre rageusement. Tête enfoncée dans les épaules et gueule oblique, il est pareil aux vieux guerriers des estampes japonaises.

Mon chaland est semblable à une banale barque de pêche de deux mètres de large, de neuf de long, à fond plat, qui supporterait en son centre un dais de zinc drapé d'une bâche très écourtée. De mon lit que j'y abrite et où je m'étends même le jour, je vois bien, outre leur patron, les quatre hommes d'équipage. Deux manœuvrent à l'avant, deux à l'arrière, en courant le long des planchers pour prendre chaque fois sur le fond de sable, du bout de leurs longues perches, le maximum d'appui pour lancer le bateau.

Ce qu'il y a d'imprévu d'abord, c'est justement ce bruit rythmé du pas des hommes, trois pas lourds et précipités, tandis qu'ils poussent, trois pas légers suivis d'un silence, d'une syncope, tandis qu'ils retournent vers le relancement des perches comme à un assaut. Tant de mouvement, de matérialité, étonne dans le grand paysage abstrait.

Pas d'hippopotames, pas de crocodiles, pas de grands arbres, pas de lourdes formes nulle part, pas de formes ! Nous avons l'air d'un monstre tombé d'une planète. Devant nous, c'est la monotonie dans toute son horreur ou sa beauté. L'eau, le sable, le ciel, la terre, la végétation ne cherchent pas à se distinguer les uns des autres par des contours ou des couleurs : nos sens les confondent. Il semble qu'on assiste à la désagrégation de la terre et de l'eau en lumière et que bientôt il ne restera plus rien qu'un grand ciel. Des échassiers, qui s'éparpillent du sol vers le ciel, comme des jets de sable, ou en retombent, ne font qu'aggraver cette idée de dissociation.

Le soir.

Je me suis habituée peu à peu au bruit de la manœuvre ; il m'a semblé qu'il comporte aussi, malgré les apparences, quelque chose de l'immatérialité générale. Ces laptots presque nus, en sueur, témoignent d'une impassibilité, d'une précision, d'une régularité qui les différencient des êtres vivants tels qu'on est habitué à les concevoir ; car ce ne sont pas des ouvriers qui donnent un effort d'un quart d'heure au plus, et se détendent, regardent autour d'eux. Les laptots ne modifient pas une minute leur allure pendant les douze heures qu'ils peinent entre leurs trois brefs repas.

A la tombée du jour ma vue, lasse, ne distingue plus des hommes, mais plutôt de grands rouages, des bielles d'acier bruni de quelque machine céleste, peut-être, je ne sais plus... car c'est moi qui me suis, par la contemplation du travail, le plus fatiguée.

Le chaland est amarré pour son repos nocturne à un vague buisson poussé dans une anse de sable. Les hommes d'abord prennent leur repas. Trois d'entre eux, les plus jeunes, s'accroupissent autour d'une calebasse de riz sur le pont d'avant ; le patron et un second mangent sur le pont d'arrière. L'appréhension que j'avais eue le matin en m'embarquant seule, sans connaître la langue indigène, sous le regard malveillant du vieux pilote, s'est depuis longtemps dissipée. J'ai appartenu depuis à tant d'autres pensées que, pour me rappeler celle-là, il me faut un drame nouveau.

Ce soir, je m'amusais de la vitesse avec laquelle les trois hommes du pont avant, à leur repas, roulaient entre leurs mains, suivant l'usage, la boulette de riz, puis l'enfournaient tout droit dans leur bouche, à la manière dont on masque un orifice avec du mastic.

Tout à coup, sans que j'aie pu saisir un geste de menace ou un accent suspect, je vois deux convives s'enlacer en silence, tourbillonner, rouler par-dessus le bord du chaland dans l'eau et le sable pendant que leurs poings martèlent leurs dos.

Il n'est certes, cet incident, pas vilain à voir ; c'est même plastiquement beau comme tous les matches de lutte. Faute de mise en scène, cela ne donne même pas l'impression de conflit ou de colère. Je me demanderais si je n'assiste pas à un sport, à un jeu, — bien inopportun, il est vrai, auprès d'une calebasse de nourriture.

Le patron, lui, n'est pas indécis. Il a saisi sa cravache, il a bondi, ramassé comme un fauve, vers les acteurs de la scène trop fantaisiste, et il distribue un nombre égal de coups vigoureux sur les corps enlacés. L'étreinte de ceux-ci se desserre sous l'effet de la douleur et le justicier sommaire, mais toujours équitable, poursuit d'abord à sa droite l'un des combattants qui s'est redressé, puis à sa gauche l'autre, et revient prendre sa place dans le bateau. L'un des châtiés le suit de près et, les flancs battant encore comme les parois d'un soufflet, il se rassied et mange sans perdre plus d'instants. Son antagoniste boude enfin plus loin et lui adresse des quolibets auxquels répond seul le patron. Mais avant une minute lui aussi est revenu, de peur de trouver tout à fait vide la calebasse.

A la faveur de la lampe que j'ai allumée, je vois maitenant, à côté l'un de l'autre, les deux dos fustigés ; la peau s'y gonfle comme pour y figurer le relief même de la tresse de sisal qui l'a tuméfiée ; on dirait maintenant, à la similitude de ces tatouages sur cette couple de corps, d'une marque voulue de paternité. Ils avaient dû se lancer l'insulte mortelle, l'insulte à leur mère, pour une boulette de riz. La faim, chez les laptots, est terrible, surtout chez ceux qui font encore leurs dents, comme ces deux-là.

10 *heures, même soir.*

De mon lit où j'écris cette date, je vois les cinq hommes installés en cercle devant ce feu de bivouac qu'ils ont allumé sur le sable. Ce qui m'étonne, c'est que la fatigue ne les terrasse pas tout de suite, ils parlent très longtemps assis, avant de se livrer au sommeil, roulés dans leurs couvertures, et c'est eux, chose imprévue, qui vont retarder mon sommeil. C'est l'heure pour eux du festin intellectuel, après l'autre, et ils le savourent avec appétit, avec gourmandise ; à en juger par l'éloquence des gestes, ils égalent les bons orateurs, les bons artistes populaires de tous les temps.

24 *janvier.*

Mon équipage a fait aujourd'hui une journée presque double de celle d'hier qui avait commencé à neuf heures et fini à sept. Aujourd'hui elle a commencé à cinq heures et fini à huit. Trois repas, à huit heures, à une heure et au débarquement, trois quarts d'heure en tout, montre en main. Le patron touche de la compagnie cinquante-cinq francs, par mois, les hommes d'équipage trente francs, plus, pour eux cinq, un sac de riz pour le voyage de quarante jours. J'ai vu cela sur la feuille de leur engagement qu'ils m'ont montrée, ce qui m'a permis aussi de connaître leurs noms : Mamadou Koné, Boubou Soumaré, Baba Kondé, Sénoussi Diakali, Mary Diamassoua.

Quand je les ai prononcés à haute voix, ces noms, et que j'ai cherché à en faire moi-même le placement sur les cinq visages, cela a donné lieu à une bonne partie de rires, à une vraie petite fête, à la suite de laquelle nous étions tous de vieux amis.

La chaleur est aujourd'hui très supportable, même à midi, car nous allons contre le vent, l'harmattan qui souffle du nord-est.

Pour se faire mieux aider du premier souffle, les petits chalands indigènes, dont nous avons croisé un grand nombre aujourd'hui, ont déployé leur voile au-dessus de leur cargaison de sel, de laines, de peaux, de coton brut, etc... De notre bateau au leur, régulièrement, se font des échanges de politesses.

Le soir, à l'heure du bivouac, j'arpente solitairement la plaine de sable qui constitue presque tout le Niger à cet endroit ; parfois je m'embourbe un peu, parfois je me heurte aux vagues de sable laissées par le retrait des eaux ; c'est en vain que je m'efforce, à la lueur d'un feu de brousse, de découvrir des empreintes de pieds d'animaux sauvages ; seules des traces de pas d'hommes se croisent partout. Bientôt, je ne regarde plus que le feu de brousse qui s'approche de la berge avec majesté. Il n'est pas, celui-ci, un petit promeneur bourgeois comme celui que nous avons rencontré avant Siguiri parcourant ses terres. C'est une sorte de magicien qui a le pouvoir de se faire petit ou immense tout à coup ; la hauteur de l'herbe sèche est inégale par ici. Il y a un moment où la flamme, arrivée au sommet de la berge, semble hésiter, puis la descend. Alors c'est magnifique. On dirait d'un gros dindon blanc qui fait la roue et vient exprès se mirer dans l'eau. Les hommes dorment et je rentre dans mon domicile pour l'heure du tub et de mon journal.

25 *janvier.*

C'est en plein sommeil que me réveille le bruit du glissement sur le sable du fond du chaland, et puis tout de suite, mécanique, saccadée, commence la manœuvre. Nous avons démarré, la nuit est toute noire encore ; je ne distingue même plus les laptots. Ils sont fous ! Qui les presse ces damnés-là de m'emporter si vite? Ce n'est certes pas moi, car je ne serai jamais mieux qu'ici. Je me suis rendormie, et quand au grand jour je me réveille, je trouve le patron laptot couché contre le pied de mon lit, qui dort à l'abri de ma bâche. L'agent français de la Société, à l'heure de notre embarquement, avait indiqué d'un geste, devant les intéressés réunis, les limites de nos domaines respectifs : « Pas de Noirs de là jusque-là, c'est compris? » avait-il dit en Malinké avant de me le traduire. C'était le principe. Depuis, dans la pratique, j'ai accordé des permissions de passer, d'abriter du soleil un objet de ma cuisine ; mais le vieux loup du fleuve ne se croyait pas autorisé pour cela à s'abriter soi-même. Saisi par son sommeil, il avait fraudé pendant le mien et croyant se réveiller avant moi ; le voilà surpris et peu fier. Il me salue en hésitant ; je ris en lui rendant son bonjour. Cela suffit. Il ne m'en veut plus de son crime et il trouve même, je ne sais où, pour me le pardonner, un sourire agréable. C'est si imprévu dans les plis rudes de son visage que j'en suis touchée; ce n'est ni un mince cadeau, ni une médiocre attention de sa part d'être allé le chercher très loin ce sourire, dans les visages oubliés de sa jeunesse.

Chaque homme d'équipage a son jour de cuisine au profit de la communauté noire. Le riz cuit à l'arrière dans une grande marmite, l'arachide destinée à la sauce se pile et se malaxe à même le plancher.

Moi, je n'ai, depuis le départ, qu'un même cuisinier, Boubou Soumaré, le second. Le patron, qui l'a désigné, a sans doute pensé qu'il importait davantage, pour être mon boy, d'avoir un rang supérieur qu'un talent culinaire. N'étaient les exigences du gouvernail, il se fut peut-être proposé lui-même comme plus digne. Boubou Soumaré ne sait même pas me faire cuire du riz. Nul ne l'ignorant en Afrique, cela serait invraisemblable si on ne pouvait l'expliquer ainsi : Boubou Soumaré veut faire cuire le riz pour moi d'une manière délicate, exceptionnelle ; il le remue, le tourne sans cesse, soulève pour cela le couvercle, et le résultat est cette espèce de colle infâme que font en France les ménagères qui n'ont aucune expérience de la préparation de cette céréale. Le premier jour j'ai jeté cette glu, discrètement, dans l'eau du Niger, après avoir fait semblant d'en manger pour ne pas décourager la longue et minutieuse application qui l'avait produite. Mon appétit a pris sa revanche sur le pain, les oranges, les bananes dont je suis approvisionnée. Depuis, j'ai fait comprendre à Boubou que je désirais manger chaque jour un de mes cinq poulets (cissé) bouilli avec des légumes, carottes, pommes de terre, choux que j'ai emportés et que je lui montre. Le patron et lui confèrent assez longuement sur ce qu'ils savent de la cuisine française, car tous deux guettent mes impressions lorsqu'ils me montrent pour la première fois, d'une part l'eau en ébullition dans une marmite, d'autre part les légumes épluchés et le poulet soigneusement plumé et vidé. Quand je donne l'autorisation de réunir les éléments, les deux hommes s'entre-félicitent, à en juger par leurs expressions ; mais je reste persuadée que c'est toujours aux conseils de mon nouvel ami le patron que je dois la qualité parfaite du bouillon enfin obtenu.

A défaut des aptitudes pratiques d'un bon boy, Boubou Soumaré possède la perfection esthétique, corporelle et morale. On dirait un ange incarné, c'est une compensation exquise pour moi qui ai perdu le contact d'une terre vivante et brillante et, depuis quelques jours, m'étais livrée au ciel, sans aucune espérance de vie sensorielle. C'est bien agréable pour moi que Boubou Soumaré soit aussi beau ; mais lui-même en a-t-il la satisfaction ? Et sait-il d'abord qu'il est aussi beau ? S'il le savait il ne pourrait pas, tout de même, se donner autant de peine pour être gentil. La beauté, privilège, dispense de soins, dispense de cœur l'être trop conscient de la posséder. Boubou Soumaré ignore sa chance avec ampleur. L'ignorance de Boubou le privilégié est magnifique comme une candeur, une fleur d'enfance dans une puissance d'homme agrandie. Boubou, le premier jour de notre voyage, je l'ai dit, a tourné pendant une heure mon riz au fond d'un poêlon, le cœur plein de tendresse et d'angoisse ; il me faisait penser à un millionnaire qui s'alarme de ne pas savoir cuire un pain de deux sous. Aujourd'hui il pile avec une bouteille vide, sur des journaux que j'ai étendus au fond du bateau, le café que j'ai oublié de faire moudre. Boubou sait qu'un moulin mettrait les grains en poussière et il voudrait bien avoir la chance, pour me faire plaisir, d'égaler tout à fait le moulin. Il s'y efforce, très longtemps, mais il n'est qu'un homme avec un bon cœur et les miettes du café gardent leurs angles. Boubou s'en désole. De temps en temps il rapproche de mes yeux le résultat de sa patience, secouant la tête sans même oser me regarder, ce qui fait que malgré mes signes il se laisse retomber à genoux comme ces laveuses nues de l'ancienne Thèbes que l'on voit dans les musées.

Boubou Soumaré ignore qu'il est beau et bon ; il attribue ces privilèges tantôt au ciel, tantôt au moulin à café ou peut-être à moi ; il me regarde avec douceur, et lorsque je lui offre une orange ou une cuisse de poulet pour qu'il participe à ma collation, il va vite, avant de les manger, raconter au patron sa joie.

Avant de m'endormir, je pense : Boubou Soumaré est bien un ange, il m'apporte la ressource d'une idéalité ; quelle sorte d'ange est-il?

Il est musulman. Il a peut-être déjà plusieurs femmes, quoique fort jeune ; il accomplit le salam selon les rites de sa religion ; il observe l'obéissance à son patron et à mes ordres. Il n'est pas un ange selon la conception catholique qui suppose la chasteté, ni selon la conception socialiste qui suppose la dignité de connaître les droits de l'homme, ni selon la conception artiste qui souhaite des attitudes plus naïvement animales que celles des islamisants.

Boubou ne possède donc avec moi pour retenir mon attention aucune affinité de tradition ou de culture. Il m'est totalement étranger par tout ce qui n'est pas essentiellement humain. C'est pour cela qu'il m'est plus fraternel par tout ce qui l'est. La société révèle l'humain à l'homme en le lui arrachant, en tentant de le lui arracher. L'ange humain est l'homme, l'ange que je vois est un homme mort aux fureurs instinctives qui est né au culte spirituel de l'instinct. Boubou se donne à Allah pour qu'Allah le donne à la vie. Je le regarde bien accomplir ses gestes religieux. Ils sont indécis, discrets et timides ; ils ne représentent pas comme chez d'autres la supplication hypocrite du mendiant qui veut forcer la pitié, ou la formalité brève du spéculateur qui place en actions des sacrifices, — jouissance dans l'au-delà, — mais une simple gentillesse d'amant de la vie qui consent à tout, même à la mort, ou qui la demande pour ne pas cesser d'aimer la vie.

Les deux laptots qui sont à l'avant, les bras haut levés à l'extrémité de la proue, enfoncent leur perche tandis qu'ils me tournent le dos ; puis d'un brusque mouvement des reins, se retournant vers moi, ils m'approchent de face, de plus en plus courbés pour continuer à pousser jusqu'au ras de l'eau l'appui qu'ils ont pris sur le sable. Boubou Soumaré, qui est à l'arrière, enfonce inversement sa perche quand il est de face et auprès de moi et il la pousse en se retournant et courant de plus en plus courbé vers la poupe. Il est le plus grand de mes cinq compagnons. Vêtu du seul pantalon musulman, plissé soleil du pubis aux genoux, son long torse privé de hanches est formé par deux triangles longs renversés, dont les sommets se coupent à la hauteur de la taille. Que devient le ventre dans tout cela? L'architecte n'y a pas pensé et Boubou s'en passe. Il est un objet élégant qui ressemble à ces candélabres dont le galbe ne s'élargit vers le sommet, ne s'annule au pied que pour bien signifier qu'il n'est destiné qu'à porter des branches. Le buste de Boubou Soumaré ne s'élargit tant aux épaules, évidemment, que pour être digne de porter ses bras. Boubou, de la poupe, s'élance vers moi les deux bras élevés au sommet de sa perche et se cambre en arrière en arc, avant de la planter dans les eaux.

Il a l'attitude d'un saint Michel plongeant sa longue lance, à deux mains, aux flancs du dragon puis se tournant et se courbant à sa poursuite pour achever de le transpercer. Mais son visage calme et plein, aux grands yeux droits, aux traits réguliers, indique assez qu'il ne poursuit que la figuration de la légende ; mieux, qu'il en danse le ballet.

Boubou est le danseur-étoile de ce prestigieux ballet dont le rythme infatigable, déjà m'a pétrie trois jours.

Bamako.

26 *janvier.*

Je suis arrivée à trois heures à Bamako, à l'heure où la chaleur sèche de cette saison est la plus agaçante. Des rives du Niger, ici, on ne dit pas qu'elles sont stériles ou qu'elles sont nues comme on l'a constaté avec étonnement un peu plus haut. On voit bien qu'elles sont râpées et déformées artificiellement par les séculaires allées et venues des hommes.

Après les rives c'est, au premier plan, la ville basse aux toits plats en argile; au second, c'est la montagne dénudée. Ce qui différencie sentimentalement une grande ville africaine d'une européenne, dans leur aspect général, ce sont leurs attitudes respectives à l'égard des arbres : l'européenne les rappelle autour d'elle ou en elle, l'autre les repousse au loin. En cela nos citadins sont assurément en avance sur ceux d'ici. Ils en sont au retour repentant de l'enfant prodigue vers son père l'arbre ; les Africains musulmans en sont encore au départ ingrat, tout comme nos paysans. Pendant mon débarquement un coup de soleil m'a congestionnée et j'arrive à l'hôtel avec une complète extinction de voix.

— Vous en avez pour trois semaines au minimum, me dit le gérant de l'établissement en manière de souhait de bienvenue ; à Bamako les rhumes ne durent jamais moins.

Les trois boys sont aussi affirmatifs que leur patron sur mon sort. Que je ne puisse les commander que par gestes, cela ne les gêne d'ailleurs pas du tout. Ils ne m'accordent pas de ce fait une moindre attention de plus. On pourrait sans doute les commander par des grimaces qu'ils n'y prendraient pas garde. Il y a longtemps que, pour eux, les clients blancs ne sont plus des hommes mais de simples distributeurs de plus ou moins maigres pourboires.

Les chambres sont au premier étage, sous le toit de zinc, mais plafonnées. La spacieuse véranda qui les entoure donne, au Nord, sur le quai de la gare Bamako-Kayes ; au Sud sur des jardins soigneusement sablés et ornés d'arbustes à fleurs.

Nous dînerons dehors par petites tables sous les voûtes élevées d'arbres qu'éclaire la lumière blanche des lampes à arc. Des haies d'orangers et de lauriers-roses nous enferment bien. On se croirait à Nice s'il y avait les palmiers et la mer, et s'il n'y avait pas... un lion.

Mais il y a un grand lion familier auprès des convives, un lion sans crinière comme tous ceux de la brousse voisine, où il naquit. Pour devenir un citadin, il a sucé le biberon ici même et n'en a pas souffert. Arrivé depuis peu de temps à la taille d'adulte, son pelage est admirable à regarder quand il s'étire, ou quand il bondit en jouant..., car il joue encore. Si on lui fait porter ordinairement une vieille chaîne pour le retenir au pied d'un des arbres, ce n'est pas que l'on craigne son ingratitude : il est trop affectueux pour quitter sa famille d'adoption et il n'a guère connu l'autre ; c'est parce qu'il est, je viens de le dire, très gosse : il aime à aller voir de près l'arrivée des trains. Quand il s'échappe, il franchit d'un bond la clôture et va s'asseoir sans billet sur le quai, parmi les partants. Ceux-ci s'affolent et le chef de gare une fois s'est plaint.

Je me promets de faire le lendemain le portrait de mon beau voisin que chacun des pensionnaires de l'hôtel taquine en passant, tandis que son boy s'attelle à sa queue, puis le renverse et l'empoigne au ventre par sa peau si souple. Je songe que par politesse il faut bien que je fasse comme tout le monde, et à l'ombre du bras du boy, ma main s'avance tout doucement pour effleurer la robe neuve du prince félin. Je lui ai trouvé à cette robe, la douceur de la soie. Il est vrai que je n'en ai pas à rebrousse-poil éprouvé l'étoffe.

Nous sommes une vingtaine de pensionnaires réunis par le repas du soir. A l'une des tables en face de moi est assis un administrateur avec ses deux enfants mulâtres, un garçon et une fille, de huit et six ans, à fin de séjour, qu'il emmène en France. Il est très remarqué et j'entends chuchoter au sujet du groupe : « La petite serait assez gentille, mais elle sent encore trop le ventre de la négresse ; le père l'a bien compris, il l'emmène dès maintenant pour que sa mère n'y touche plus ! » Trois jeunes sous-officiers français du camp de Bamako sont groupés un peu plus loin ; des commerçants avec leurs femmes occupent d'autres tables ; mais la plupart de celles-ci ne retiennent qu'une personne : ici un homme, là une femme. La place où s'est échoué un jeune noir, un citoyen français pourtant de Saint-Louis, est la plus éloignée des lampes comme par hasard. La dame qui est à ma droite, seule à sa table, est la femme d'un officier qui va venir la rejoindre ici. Comme nous avons atteint nos places au premier appel de la cloche, elle a eu le temps de me glisser à l'oreille :

— Je vous préviens, afin de vous éviter des déconvenues, que la personne qui va venir à votre gauche s'est fait remarquer à Dakar il y a quelques années ; maintenant elle s'est rangée et vit maritalement avec un sous-officier qu'elle va rejoindre en Haute-Volta.

Les trois jeunes sous-officiers ont pris de copieux apéritifs après leurs heures de service. Cela se voit et s'entend : ils interpellent deux autres gradés par-dessus les têtes de plusieurs convives et ils font leurs plaisanteries grivoises à voix assez haute pour que tout le monde en bénéficie. Tout à coup ils avisent la dame qui m'est signalée. Elle a des cheveux gris et tirés, une mise simple, des traits un peu empâtés et tristes. Elle doit avoir plus de cinquante ans. Le visage des militaires s'est illuminé à sa vue et l'un d'eux, triomphant, lui crie en appuyant sur le tutoiement :

— Eh ! Thérèse. Tu as bien rigolé aujourd'hui?

La dame fait semblant de n'avoir pas compris qu'il s'adresse à elle et ne regarde que son assiette. Les autres trépignent et rient. La dame qui est à ma droite accentue l'air satisfait qui me signifie : « Vous voyez ! »

Je pense d'abord à m'enfuir, à aller coucher n'importe où, dans une case indigène quelconque, ce soir-même. Mais, j'ai la fièvre. Et puis, je me raisonne : n'ai-je pas de la chance de voir cette scène? La goujaterie à ce degré, n'est-ce pas plus étrange, énorme, plus excentrique encore que de caresser un lion?

En allant vers ma chambre, je passe auprès de la grande table, violemment éclairée, des joueurs de cartes. Un peu plus d'air m'arrête dans les environs, sur un fauteuil d'osier confortable. Désœuvrée, je compte sur ma montre-bracelet mes pulsations, puis je somnole. Je suis tirée de ma torpeur par les heurts d'une voix brusque et rauque et j'entends le mot de « docteur » circuler. Lui, le docteur, au pas saccadé, au visage rouge, en arrivant sur l'un des joueurs le regarde fixement, comme hypnotisé :

— Comment, c'est vous qui êtes là. Ah ! par exemple, je vous croyais mort !

Je regarde les assistants. Ils rient ; ils paraissent tous enchantés. Avant que je prenne le parti de monter, le docteur s'est levé plusieurs fois pour foncer sur tel ou tel autre individu assis en des coins du jardin : « Comment, vous aussi, vous êtes-là? Je vous croyais mort. »

Je suis déjà couchée lorsque j'entends discuter deux femmes dans le couloir-véranda.

— Ils vont le tuer ce soir ; sûrement !

— Ce n'est pas possible?

— Si, si, ils l'ont dit. Ils vont se payer une chasse au lion dans leur chaise longue. Le gérant le leur abandonne.

— Quel idiot ! Pourquoi? La viande est trop chère?

— Non, la viande vient du camp : des déchets... avec beaucoup de riz... Mais c'est à cause de la chaîne. Il en faudrait une neuve.

— Pauvre bête, si douce, si jolie ! Et puis ces ivrognes qui vont tirer dessus entre deux verres ! Pour sûr que je ne regarderai pas.

— Moi non plus... jamais de la vie, ce serait trop lâche ! Mais entre nous, pour la sûreté des pensionnaires, c'est peut-être mieux ainsi...

11 heures, même date.

On a tiré une quantité de coups de feu les uns après les autres, cela ne finissait plus.

— Ce n'est pas tirer ça, c'est massacrer ! a dit une voix.

Rires lourds. Palabres vociférées de Tartarins pochards. Je suis tout à fait perdue et seule ici avec ma fièvre.

28 janvier.

Je vais à la découverte de la ville qui, chez les indigènes de l'Afrique Occidentale, chez ceux de la Guinée surtout, passe pour belle et prospère. Mirage? réalité?

Son vaste emplacement entre les montagnes et le Niger mérite bien l'épithète de grandiose. Mais l'objet réalisé m'est antipathique. La personnalité de Bamako est double et même multiple. Le poste administratif que domine le palais du gouverneur est construit au nord, sur la première montagne. C'est Kouluba. L'hôpital couronne un autre sommet. La ville indigène en argile, de caractère arabe, s'étale dans la plaine ; à ses extrémités se trouvent, le camp, le quartier français commerçant, le village des pêcheurs, les bâtiments divers des travaux publics.

Dans d'autres villes coloniales il y a tous ces éléments, tous ces groupements, mais on passe de l'un à l'autre, comme par exemple à Conakry, de plain-pied, sans apercevoir de frontières trop délimitées, tandis qu'esthétiquement et moralement celles-ci s'imposent. Je regarde une ville et j'en vois quatre qui cherchent à s'ignorer réciproquement. On dirait une matérialisation de ce livre que j'ai lu en bateau : « Domination et colonisation. » Koulouba est une sorte de Versailles blanc qui exige entre lui et son peuple, son Paris noir, une vaste étendue de roche abrupte et de respect.

29 *janvier*.

A travers la poussière rouge qu'à onze heures soulève toujours l'harmattan, — vent du nord-est, — j'ai découvert une petite halte de fraîcheur et de vie. Ce sont, au bord de la route qui sépare les maisons basses d'argile des chaumes de riz, des marchands et des marchandes qui se sont groupés assis à l'ombre d'un arbre. De temps en temps des passantes s'inclinant vers les patates, kolas, bananes, oranges, mis en tas, font pleuvoir vers le sol, au long de leurs bras noirs, les plis de leurs boubous de mille bleus célestes.

Sur la petite scène je vois, ouverte à deux battants de bois plein, une grande porte qui découvre l'agencement intérieur d'une boutique de traitant, — casiers, comptoir long, — nouvellement construite, non encore louée. Un peintre peut-il rêver pour son installation plus d'à-propos et de convenance et un voyageur plus de discrétion pour son occupation dans une ville étrangère? Le gouverneur du Soudan, prévenu, m'eût suspendue là-haut, à Koulouba, dans le ciel des dirigeants; le chef de province indigène m'eût enterrée dans le refuge des colonisés. Prisonnière, dans tous les cas, j'aurais dû toujours protester. Ici, dès que je me mets à peindre sous mon provisoire abri, j'ai, pour trois francs par jour, l'impression que ma présence à Bamako est universelle et légère comme au bord de nos toits le repos des oiseaux.

31 *janvier.*

Le boy qui m'est échu est un long garçon de seize ans aux yeux très petits, au museau étroit et très allongé qui ressemble à un renard noir et qui paraît aussi rusé. Il parle couramment le français et en abuse. Il ne sait pas écrire un mot, mais sait très bien former les chiffres et les additionner, ce qui dénote un esprit pratique. Ce qui le prouverait aussi est son art de se lamenter très fort et même de pleurer quand il a laissé brûler mes patates ou mon poisson. Je me trouve empêchée ainsi de le réprimander. Je le crois plus sincère dans ses admirations d'un catalogue de nos magasins où les bâtiments sont représentés, tels que des palais monstrueux régnant sur un imperceptible semis de maisons.

— Si c'est à Paris qu'on voit ça, je vais me débrouiller pour y aller quand même.

De midi à quatre heures, je suis assiégée d'en haut dans mon vaste appartement, par la chaleur du toit de zinc ; d'en bas par la brutale réverbération du sol enflammé. Je ferme alors ma porte pour lire et m'ablutionner tandis que la température monte parfois jusqu'à trente-six degrés.

C'est chez Maurel et Prom que j'ai acheté le thermomètre que j'emploie et qui a été créé spécialement pour les pays chauds. Il ne prévoit pas d'abaissement du mercure au-dessous de zéro, mais en revanche, il porte cent vingt divisions au-dessus !

— Il me semble, ai-je dit en riant au commis, que vous exercez de la pression sur les métropolitains de passage, en les apitoyant d'avance sur votre état qui serait affreux par 120° centigrades.

— Les métropolitains ne sauront jamais assez quelle vie pénible nous inflige au physique et au moral, la colonie ! Ils sont si injustes ! Ainsi, vous qui écrivez sur les Noirs, vous irez dire à Paris que nous les martyrisons. Or, c'est le contraire : nos commis noirs sont voleurs, intempérants, et il faut bien qu'on les supporte !

Pour rentrer chez moi un soir, j'ai traversé obliquement la ville indigène et j'ai rencontré un des commis noirs que j'avais vus en ville. Il m'a offert de me guider à travers les rues.

— Comment expliquez-vous, lui ai-je demandé, qu'à Bamako, vos camarades soient moins qu'ailleurs empressés à me renseigner sur la vie locale?

— Si nos patrons venaient à savoir que nous vous avons parlé, ils croiraient que nous vous avons révélé comment ils nous briment, nous trichent, et nous congédieraient.

9 février.

J'ai vu le gouverneur, le secrétaire-général, l'administrateur-maire, le directeur des écoles, le médecin et d'autres fonctionnaires français. Leur avis sur la population indigène est unanime : « Il n'en est pas de plus cristallisée ; les jeunes gens eux-mêmes qui sortent des écoles régionales ou du Sénégal, n'ont pu y acquérir assez de logique pour répudier, par exemple dans les bureaux, ces boubous musulmans dont les vastes manches balaient des tables nos papiers. Des traditions locales aucun ne sait se dégager. »

Les jeunes gens de leur côté se plaignent : « Nous avions cru pouvoir nous rapprocher des Français en apprenant leur langue ; nous nous sommes trompés. Plus qu'aux ignorants ils nous font sentir la distance qui sépare les races à leur avantage. Nous excitons à la fois leur méfiance et celle de nos parents. Nous ne sommes plus, ni noirs, ni blancs ; nous sommes les bâtards des deux sociétés. Nos parents nous croient d'accord avec les Français pour les déposséder et les Français pensent que nous allons les concurrencer. Quand nous sommes rentrés de Gorée, nous portions le costume européen, plus pratique. Nous avons bientôt dû y renoncer ; notre extérieur aigrissait encore nos relations avec les deux parties. Les commerçants français, par exemple, avant de s'occuper de nous, nous faisaient attendre exprès que tous les paysans vêtus de boubous soient servis. L'un d'eux a dit à un de mes camarades :

— Tu vois bien que cela ne te sert à rien de faire le malin en prenant notre costume, ça se voit toujours, du reste, que tu n'es qu'un singe. Tu te tiens debout le jour, mais tout le monde sait bien que la nuit tu grimpes aux arbres.

10 *février*.

J'ai été voir chez elles la mère et les femmes d'un de mes mélancoliques visiteurs. Je suis entrée par l'étroite porte qui donne accès à la galerie intérieure d'une de ces forteresses d'argile, si maussades, que je vois de mon seuil, absorbant les passantes à chaque midi, pour jusqu'à la nuit noire.

Cette galerie intérieure règne autour d'une cour carrée comme un cloître médiéval ; mais ici ce n'est pas la pierre qui est fleurie et ses hôtes graves : ce sont les murs qui sont austères comme des moines dans une robe d'ocre et leurs hôtes qui les égaient de frais éclats de rire et de couleurs.

Le maître de la maison m'a présenté sa mère, ses sœurs, ses trois femmes et ses enfants : une fille et deux garçons. Je leur ai fait de petits cadeaux. Elles les ont reçus en souriant gentiment avec complaisance, mais n'ont pas interrompu pour cela, ou presque pas, leurs occupations. Si j'étais venue les voir en l'absence de leur époux, elles auraient tout lâché pour s'amuser avec leurs hochets et mes affaires : mais en sa présence, des femmes bien nées comme elles, doivent avoir « honte » de lever les yeux et surtout de parler.

Leur détachement m'a donc renvoyée instinctivement au groupe des hommes qui fait face au leur, de l'autre côté de la cour. J'ai dû accepter de m'asseoir sur la chaise longue où mon hôte lui-même s'assied d'ordinaire pour recevoir ses amis. Et nous avons causé longuement ensemble. J'ai d'abord essayé de le féliciter de sa société féminine, si esthétique.

— Ma société féminine, je n'en jouis guère plus de quelques instants dans toute la journée. Elles mangent de leur côté et moi du mien : les heures du bureau et d'autres heures nous séparent. Les Européens nous envient parce que nous avons plusieurs femmes : il n'y a pas de quoi. Cela peut être un profit matériel à la campagne, où elles cultivent. Ou un avantage sensuel dans les maisons des chefs qui ne craignent pas d'afficher leurs favorites, contre l'usage. Nous, petits fonctionnaires craintifs, nous ne tirons de la polygamie aucun bénéfice, nos femmes y tiennent plus que nous, sauf exceptions très rares. J'ai trois femmes : j'en dispose bien moins comme il me plaît que comme il leur plaît. Elles trouvent des combinaisons, des ruses pour se partager leur mari, qui ne sont pas toujours conformes à mes souhaits, croyez-le. En outre la tradition veut que lorsque l'une d'elles est enceinte, puis accouche, puis allaite son bébé, je ne la voie plus ; elle appartient alors bien plus à sa mère qu'elle ne m'appartient. Trois femmes ! C'est bien de la chance quand je dispose d'une sur les trois. Je suis assailli de leurs demandes de congé pour aller voir une sœur, une tante chez qui doit avoir lieu une cérémonie, laquelle nécessite un pagne de luxe qu'il me faut payer. Vous allez me reprocher comme tous les autres Français et Françaises de ne pas aimer mes femmes. Je connais bien votre pensée : mais, je vous le demande, que deviendrait l'amour comme vous l'entendez au milieu de tout cela? Telles qu'elles sont, indifférentes, ou presque, elles s'entendent, il est vrai, contre moi pour m'extraire des bijoux, des pagnes, des cadeaux pour leurs parents. Croiriez-vous que je suis obligé de leur cacher ce que je touche, par mois, de l'administration ? Si elles connaissaient ma bourse, elles me dépouilleraient jusqu'à mon dernier sou... Eh oui ! Elles sont obéissantes, modestes, comme vous le dites, parce que c'est l'usage et que j'aurais le droit de les frapper jusqu'à ce qu'elles le soient. Mais elles sauraient aussi se défendre en me menaçant sans cesse de me quitter.

— Alors, dis-je, vous préféreriez avoir, plutôt que des femmes en abondance, ces bons esclaves des deux sexes qu'avaient vos grands-pères ?

— Vous allez le dire à Paris contre nous : cependant il est vrai que, depuis ce temps-là, la situation de chef de famille se gâche.

Mon interlocuteur avait enfin souri ; mais j'étais étonnée par l'impassibilité gardée si longtemps par un visage qui semblait peu fait pour s'y condamner. De grands yeux affleurant presque les sourcils et les pommettes, le front bombé et soyeux lui donneraient encore beaucoup de jeunesse malgré quelques cheveux blancs, s'il n'avait l'air détaché et las des fauves captifs regardant les foules. C'est le maître qui semblait encagé et ses servantes qui semblaient libres.

Elles me parurent encore plus dégagées d'allure après l'arrivée d'un nouveau groupe de cinq personnes, rieuses et pimpantes. J'observai que cette invasion n'avait pas distrait une seconde mon compagnon. Il perçut dans mes yeux une interrogation.

— Ce sont des parentes, me dit-il : elles sont descendues d'un village éloigné et depuis trois ou quatre jours elles vivent avec mes femmes. Elles sont venues pour saluer ma mère et aussi pour que je leur donne ces grandes cuvettes en tôle émaillée qui sont très à la mode. En ma qualité de chef de famille je suis un personnage d'autant plus honoré que je pourvois à tous les caprices ; il est de mon intérêt pressant de donner tout de suite à mes quémandeuses tout ce qu'elles demandent, si je ne veux les voir s'installer à manger mon riz pendant quinze jours.

11 *février*.

Je vais quitter Bamako et j'en suis bien aise, car je m'y ennuie à la fin. Quand je m'y promène surtout, il me semble que ma qualité d'Européenne y est trop apparente, trop prononcée, et que la personnalité nègre de la ville ne l'est pas assez. C'est en vain qu'agressivement retentissent à mes oreilles en mots adverses : « les Noirs, les Blancs » ; c'est en vain aussi que je souffre de l'harmattan, de la réverbération rouge et des moustiques. Je n'ai pas ici l'impression tant aimée d'être en pays nègre. Ce n'est pas un souffle nègre qui a pu à ce point ruiner la végétation, aplatir le toit des cases, refouler les femmes au fond des maisons et éteindre à jamais le sourire des hommes. C'est bien le souffle qui gonfla les empires de Dienné, de Gáé, de Manding, selon des formes étrangères, c'est le souffle arabe qui a fait tout cela !

On entend partout en France les amateurs d'art se désoler à la pensée que l'art et la vie nègre vont perdre à notre contact leur magnifique originalité. Qu'ils cessent de tant s'agiter contre notre influence : l'art et la vie nègres dans leur pure essence sont déjà perdus partout où l'islamisme a pu s'installer.

— Pas un noir de l'Afrique occidentale n'échappera à l'emprise de cette religion, m'a dit un haut fonctionnaire de cette colonie.

Et il s'en réjouit. Moi, je m'en attriste, oh,

simplement par sympathie pour les arts, car je n'ai rien à dire contre l'islamisme en tant que religion : c'est un poison qui en vaut un autre, et je ne saurais avoir plus d'hostilité à l'égard des pratiquants musulmans qu'à l'égard de n'importe quels autres intoxiqués de la foi.

Ici, chaque soir, dans la poussière épaisse de l'avenue, je vois apparaître de notables indigènes qui sortent çà et là à cheval. Aussitôt les piétons font la haie et les cavaliers caracolent. Ils foncent contre le vent en éperonnant leur monture afin que se gonflent leurs amples boubous, que leur écharpe vole et flotte comme la crinière et la queue longue de leur coursier.

L'art arabe est nourri de courbes emphatiques, des bonds, des ruades vaines que leur ont appris leurs chevaux.

Le cheval sait faire le bluff de l'héroïsme ; et l'homme l'imite. Le cheval est peut-être bien la plus noble conquête de l'homme ; mais il y a des conquêtes funestes. L'homme conquiert le cheval et le cheval en fait un enfant. Peut-être est-ce le cheval tout seu qui a détruit la puissance arabe et qui détruira le Soudanais, si l'on n'y prend garde, après avoir détruit son art.

Entre Soudan et Guinée.

12 *février*.

Départ de Bamako à 10 heures, en automobile. Tous mes bagages ont été empilés à l'intérieur, dans le « salon » fermé de la voiture ; il ne reste plus qu'une très petite place où j'ai tenté de me loger ; mais au moindre cahot du véhicule, des caisses compriment mon thorax ; il me faut les repousser à force de muscles et je n'en ai guère. Ghibi Tangara me remplacera avec avantage pour ce match, et je m'assoirai auprès du chauffeur indigène.

Ghibi est un de mes anciens élèves noirs. Il vient de faire trois cents kilomètres à pied en dix jours, pour me rejoindre. Avant de quitter Fréjus, trois ans auparavant, il était un jeune et élégant ordonnance d'un médecin-major des troupes sénégalaises. Aujourd'hui c'est un solide paysan barbu, au front barré de plis, aux bras aussi larges, quand on les considère de profil, que son torse. J'ai eu de la peine à le reconnaître ; il a eu de la peine à me comprendre, ce qui fait que nous avons éprouvé aux premiers moments une certaine angoisse l'un devant l'autre. Mais je retrouve ses traits un à un, et lui s'égaie, rajeunit, au fur et à mesure qu'il reconnaît les mots français ; il a même recommencé à en prononcer quelques-uns.

L'auto passée en bac de l'autre côté du Niger, c'est, en plaine haute, jusqu'à Bougouni, une route droite comme si un boulet avait, dans cette brousse courte, d'un vert uniforme, ouvert un sillon rouge. Ce rouge, ce vermillon qui rafraîchit l'herbe, c'est le terrain ferrugineux, la latérite qui constitue le plateau soudanais.

C'est dimanche, et peut-être un dimanche anglais : pendant cinq heures, pas une femme, pas un âne, pas un mouton ; trois dioulas, marchands ambulants, nous croisent. Excepté au cours de la traversée des villages, c'est l'ennui ; et malgré l'ennui et la solitude, l'aspect si banal de cet immense « petit bois » écarte de moi l'idée de brousse africaine. A travers les maigres futaies, mon œil cherche des êtres familiers, et bêtement je pense à une troupe de petites chèvres en voyant une vingtaine de singes cynocéphales traverser au loin la route. C'est au mot de « n'golos » prononcé par mon chauffeur noir que je tourne la tête vers le point où ils sont allés. Je les vois déjà assis, distants les uns des autres, non loin de la route, sur de petits tertres, tous tournés vers nous pour nous regarder passer.

Nous sommes en saison sèche ; la brousse est rongée en larges taches noires, par les feux de brousse, telle une courte chevelure par la teigne.

Des villages pauvres, très espacés ; des chefs mal vêtus ; des bêtes maigres qui errent en soulevant de la poussière autour des cases essaimées. Aux emplacements, « lougans », de la dernière culture du mil, les arbres, dont les troncs furent coupés et réduits en cendres pour servir d'engrais, repoussent du pied.

Aspect général de misère. Misère vraiment? j'en doute. Dans cette région il y a presque toujours abondance de mil et de carité, ce beurre végétal exportable que l'on extrait de l'arbre du même nom, commun dans la brousse. Et il y a des chèvres.

Misère morale, découragement, plutôt. La presque totale disparition de leurs troupeaux de bœufs au cours des épizooties récentes a détruit chez ces noirs l'impression de fortune et de sécurité. Impression, symbole de fortune, étaient ces troupeaux, bien plus que trésor à leur gré utilisable. N'importe, le symbole les grandissait. Presque autant que les Peul du Fouta, les Malinké et les Bambara du Soudan sont déchus.

La voiture que le gouverneur m'a offerte est une des meilleures du Cercle et des mieux suspendues, car elle va en Haute-Volta chercher un blessé. Mais ayant déjà beaucoup servi, elle a des pannes. Heureusement que les montées sont presque insensibles, car elle les craint. Quand elle s'arrête, le chauffeur noir, qui la connaît bien et qui l'aime, ne l'insulte pas en français ni en bambara. Il lui accorde d'abord un moment de répit ; il fume une cigarette pendant que l'harmattan évente le moteur ; puis il faut bien qu'il procède aux opérations : une petite, une moyenne ou une grande, selon les cas. Et selon le nombre d'organes que je lui vois retirer du capot, je m'abrite du cuisant soleil simplement contre la voiture, ou plus loin, contre un arbre, ou allongée par terre à l'ombre en dentelles, en dentelles trop légères, des maigres arbres.

Ghibi Tangara, s'il l'avait voulu, eût été chauffeur en France pour le compte du médecin-major ; mais il tenait à revoir sa case à Ouéto. Maintenant, à chaque panne, il sort timidement du « salon » et il suit, discret et admiratif, les gestes du réparateur. Si celui-ci lui commandait de souffler sur le moteur pour seconder le vent, il soufflerait sans relâche ; mais l'autre, actif, ne lui parlant pas, Ghibi se contente de lui prouver sa tendre bonne volonté en se précipitant humblement, comme un rat, dans la voiture, à la plus brève de ses indications.

L'état d'âme de Ghibi me gagne et je ferais bien le tour du monde avec ces deux hommes.

Bougouni. — 14 *février.*

Dans les cercles déjà visités, le poste européen, qui groupe les bâtiments des services administratifs, est toujours bâti sur le plateau rocheux, souvent minuscule, qui domine le village indigène. A Siguiri, la résidence de l'administrateur est une ancienne forteresse créée par Galliéni.

Mais à Bougouni, la même place forte plus dégagée, plus isolée, ressemble davantage à un refuge qu'à un bastion. On dirait d'une nef où l'on aurait fui le fléau qui a ravagé la campagne, d'une arche de Noé où l'on aurait gardé des échantillons de toute la flore et la faune qui ont disparu de la plaine morne.

Là persistent des arbres au fût élevé ; des arbustes en fleurs, bougainvilléas flamboyants, lauriers-roses, caféiers, manguiers, orangers, agrémentent l'avenue des cases européennes rectangulaires, munies de larges vérandas. Un sol particulièrement rouge et mat, tel un velours, met en valeur la collection humaine des individus blancs ou noirs, appartenant aux divers services : administration, trésorerie, justice, postes, prison. La collection animale est composée d'hamadryas, babouins, singes verts, antilopes, chats, volailles, lapins et même de bœufs dressés pour l'attelage, orgueil de l'administrateur.

Dans la plaine que je regarde de ma terrasse, à travers les arbres, je ne distingue d'abord rien ; la couleur des cases indigènes y est du même roux sale que l'herbe morte qui les entoure en cette saison, et que la poussière. Dans les villages guinéens, les cases se serrent les unes contre les autres comme des cellules d'abeilles, et de hautes verdures entourent leur masse dorée d'une collerette pimpante. Mais ici, chaque groupement familial s'écarte des autres ; c'est une disposition efficace contre l'incendie et c'est peut-être, au printemps, agréable à l'œil, quand ces enclos s'encadrent de prairies ; mais, en ce moment, l'aridité des terrains vagues, entre les carrés où errent, isolées, des bêtes domestiques, ajoute à l'impression qu'un grand cataclysme a détruit les trois quarts de la population. Déserte est l'avenue de fromagers qui me conduit au village : elle a été plantée par un fonctionnaire optimiste qui la rêvait bordée de cases et de boutiques qui n'ont pas surgi.

Bougouni a fourni le pourcentage le plus élevé de tirailleurs à la Grande Guerre. Beaucoup ne sont pas revenus, beaucoup de ceux qui sont revenus n'ont plus de goût que pour les vertus militaires ou plutôt pour les primes et les pensions qui les représentent. On leur reproche d'attendre celles-ci et de les réclamer sans cesse, même lorsque, par chance, ils les ont touchées ; mais ils sont assez logiques puisqu'on leur a promis le luxe des victorieux. Les femmes elles-mêmes s'étonnent que la paix ne sache remplacer leurs allocations.

Entre le pouvoir civil et les administrés, il y a incompatibilité de vertus et d'humeur ; et il y a conflit d'activités. L'activité de la population, en cette saison de l'année, se borne aux feux de brousse et à la danse. Malgré le décret qui les interdit, les hommes organisent ces feux pour chasser les buffles ; les enfants en allument pour chasser les rats et les joindre, dans leur menu, au mil journalier.

Les administrateurs sont au supplice, d'autant plus que la population elle-même ne l'est pas, bien que privée de tam-tams, par sanction. Il est difficile de mettre au supplice une population indigène tant qu'elle mange. Même à Bougouni, où les petits groupes d'individus épars, oisifs sur un terrain pauvre, ont un peu l'air de naufragés flottants sur des bouées, il sont plus vivants que les Français qui les méprisent, mais les jalousent.

Je vais voir les femmes et leur parler, au marché des femmes, petite halle couverte, identique au marché des hommes, où se tiennent, de l'autre côté de la route, les dioulas, marchands ambulants. Ceux-ci vendent des kolas, des vêtements, des cotonnades, des objets en cuir ; les femmes vendent les divers condiments usités dans la cuisine : piments, soumara, arachides, oseille indigène, outre le mil, le riz, la poterie, la vannerie, etc...

Pourquoi ma présence accroît-elle, partout, la gaîté, la vie? Parce que les noirs sont contents des Français? des femmes françaises? de l'administration? Parce qu'ils savent que je suis en mission et que je peux leur rendre service? Non, il n'y a que quelques anciens tirailleurs, déséquilibrés à la suite de commotions, qui croient, ici, à ma puissance : nous ne sommes plus à Kankan. Les autres n'ont aucune confiance en moi, mais je les amuse. Le phénomène blanc vaut bien d'être épié. Ils me sourient, me questionnent, me mentent quand je les questionne et m'exploitent avec la meilleure grâce du monde, avec élégance et enjouement. Ghibi, interprète malgré lui, hésite toujours à me transmettre leurs paroles, il a « honte ». Le premier jour, j'ai acheté trente francs un petit pagne neuf, teint à l'indigo par les femmes, et dix francs un pagne usé, troué, que sa propriétaire roulait sur sa tête en guise de coussinet pour y assurer une jarre d'eau ou une calebasse. Le lendemain des objets de même valeur me sont proposés à un prix double et triple. Ghibi est navré, mais je ris et les marchandes rient aussi, sans rancune ; nous sommes très bonnes amies. J'ai vu d'agréables bracelets en filigrane d'argent aux poignets des quatre jolies femmes de Tapah, le négociant noir. Il me dit les avoir payés vingt-cinq francs au forgeron qu'il m'indique ; celui-ci me demande cinquante francs pour un objet semblable. Je lui exprime mon étonnement. Peu lui importe mon étonnement. Alors nous parlons d'autre chose, cordialement, longtemps.

L'attitude des marchandes et de l'artisan est jugée au Cercle, comme dans tous les cercles, par cette conclusion : ils ne sont pas intéressants. Pour tous les coloniaux européens, les indigènes ne sont pas intéressants. Les indigènes disent-ils, raisonnent comme des enfants. Pourquoi? la vie pour eux a de la valeur par elle-même dans la fantaisie. En me dérobant à leur surenchère je ne les ai pas déçus comme on déçoit des enfants. Ils connaissent la vie, mais ils tentent la chance : la fortune ou rien. Ils ont le mépris des gains honnêtes comme des rois.

Toutefois, il y a aussi, même à Bougouni, des noirs qui sont intéressants comme le veulent nos sociétés : Tapah, par exemple, de qui j'ai déjà parlé, ne fait pas du commerce comme on fait de la poésie ou comme on joue aux courses.

20 *février.*

Départ à six heures du matin pour Kankan. De Bougouni à cette ville, dix jours de marche, dix étapes de vingt à trente kilomètres chacune.

Mon escorte se compose de seize noirs : mon boy Ghibi, un milicien monté et quatorze porteurs. Six de ceux-ci chargeront sur leur tête malles ou ballots et les huit hamacaires se relaieront par groupes de quatre pour me transporter.

Le hamac est suspendu à un châssis en bois rectangulaire, recouvert de nattes épaisses qui me préservent de la brûlure du soleil. A chacun des quatre angles, un homme supporte cette espèce de toit sur sa tête coiffée d'un coussinet d'étoffe ou de jonc.

Certains hamacaires s'aident de la main, le bras replié à hauteur de l'épaule, pour assurer la stabilité de leur contact avec leur fardeau ; d'autres, plus confiants dans leur souplesse laissent retomber leurs bras. Attitudes diverses des cariatides. Draperies diverses aussi, draperies claires. Claires, blanches par pauvreté. L'indigo est un luxe. Tous les porteurs sont pauvres, mais tiennent à s'habiller parce que la nudité, surtout devant l'européen, leur paraît un aveu humiliant d'esclavage ou de sauvagerie ; mais ils sont habillés avec des loques si lamentables, qu'on dirait souvent d'écheveaux de fils de coton ou de cordes jetés en bandoulière sur leurs épaules noires. C'est moins égyptien que le nu, mais c'est émouvant comme une protestation à la fois contre la nature et contre la société qui les ont trahis.

En quittant Bougouni, en quittant le « refuge », j'ai eu l'impression que l'on m'emportait, non en hamac, mais en civière. Mes privilèges avaient été trop flagrants ; je me croyais devenue précieuse comme un blessé. Au milieu de la nature africaine, j'avais trop vécu en être d'exception, traité comme tel dans un exceptionnel décor. Cela m'avait donné, au lieu du sentiment de force et d'autorité répandu chez mes congénères, une sensation de faiblesse. Je ne retirais de ma qualité de blanche que la présomption d'être prédisposée à la fièvre bilieuse hématurique qui venait de faire disparaître deux Européens. Je m'imaginais fragile, artificielle, telle une architecture de sucre filé ou de beurre qui craint également un rayon de soleil ou le choc d'un jonc.

Lorsque mes quatre premiers hamacaires, quatre géants, m'emportent à grands pas, les secousses qu'ils m'impriment m'incitent à caler, de mes mains crispées, mes viscères ; j'ai peur et je souffre et je me ramasse comme un chat en boule... pour attendre quoi? Arriverai-je même à la première étape? J'essaie de fermer les yeux sur mon sort et je ne les ferme que sur la campagne.

L'administrateur s'est félicité devant moi du parfait état de sa route et je la maudis. C'est justement parce qu'elle est large et plane que l'un de mes hamacaires, ancien tirailleur, en profite pour unifier le pas et entraîner les autres comme au commandement : gauche ! droite ! Ce qui imprime un balant prononcé à toute la machine dont je deviens le balancier. Quand je fais expliquer par Ghibi à mes bourreaux que le trottinement ou le pas rompu m'éviterait un supplice, ils feignent d'écouter et ne changent rien à leur allure.

Je regarde la brousse. Elle devient plus aimable et plus fraîche. Ses verdures unies et miroitantes ressemblent, quand je les domine, aux eaux étalées d'un grand lac que mon escorte fend comme une pirogue. Vraiment ces taillis sont si peu élevés et si peu touffus qu'il semble à la longue qu'ils le font exprès, par modestie, pour ne pas accabler les hommes d'altitude et d'obscurité. Cette brousse est une personne puissante puisqu'elle commande les horizons, mais bien éduquée puisqu'elle cherche à se réduire au rôle d'ombrelle à notre passage. Elle pousse la discrétion, l'horreur du bluff, jusqu'à n'exhiber de sa faune que des hirondelles, quelques perdrix, beaucoup de tourterelles, un martin-pêcheur et, comme le bois de Boulogne, quelques gazelles. Elle cache ses merles métalliques ce matin, ses oiseaux cardinal, ses hyènes, ses buffles, ses lions. D'ailleurs, je les verrais, ses lions — ils y sont — que je les croirais échappés d'un proche jardin d'acclimatation, tant l'ambiance est peu farouche. Une seule singularité : dans de grandes clairières, ménagées, pense-t-on, en guise de pelouses pour le repos des yeux, d'énormes champignons, cèpes en terre battue, sont plantés par milliers, régulièrement. On dirait des jouets à l'intention d'enfants : ce sont des termitières.

Lorsque l'un de ces champignons dépasse la taille des autres, je le montre du doigt à mes porteurs en remarquant :

— Dougoutigui boun. (Case du chef de village).

Ils rient, ils désignent une autre grande termitière à leur tour en me regardant pour la première fois très gentiment :

— Case du commandant.

Après quelques échanges semblables, je

peux leur demander de renoncer au pas des soldats. Cette fois-ci, ils me comprennent. Il n'a fallu que quelques secondes pour que leur vie prît un autre sens et un autre goût.

Faradiélé.

A l'endroit où la brousse s'arrête, se pèle, cette fois-ci ce ne sont plus des termitières qui apparaissent régulièrement semées, ce sont, de chaque côté de la route, les cases, placées en groupes, d'un petit village sans caractère. Le caravansérail, l'un de ces groupes, est à gauche, très peu distant des « carrés » indigènes. Il se compose, comme tous les autres, d'une case plus spacieuse destinée à l'Européen, de la case-cuisine, de la petite case-cabinets, et de deux cases destinées aux porteurs.

Le chef de village qui me reçoit est très vieux, ahuri, couvert d'un boubou blanc sale. Il m'offre, pour me rafraîchir, du lait sur et donne aux porteurs un mil presque immangeable, sorte de bouillie à l'eau et sans sel.

Il semble qu'il serait injuste de l'injurier : ce n'est pas lui qui fait la cuisine ; mais les intéressés lui reprochent de n'avoir pas d'autorité sur les cuisinières, femmes du village, responsables. Au nombre de quinze avec le milicien, mes porteurs ne lui donnent que deux francs pour leurs deux repas du matin et du soir, soit treize centimes par homme et par jour. Ils en ont reçu trente de l'administration. Je n'interviens pas, puisqu'il est dans son tort, mais pour mon compte personnel je lui remets trois francs. Il est vrai qu'il s'est ressaisi : il m'a apporté du lait frais, du riz bien blanc pour Ghibi et moi, un poulet, cinq œufs. Officiellement le poulet est coté 1 fr. 50, les œufs 0 fr. 10 pièce. Le vieillard me répète vingt fois merci : barka, barka, barka !... il se prosterne, il me prend les mains entre les siennes. Il ne s'attendait pas à mon cadeau royal ; tout au plus espérait-il être pardonné, s'étant montré au-dessous de sa tâche. Les murmures de mes porteurs et les « engueulades » du garde-cercle ne lui disaient rien qui vaille ; qu'il en parvînt un écho au poste et cela pouvait bien être sa destitution... on ne sait jamais.

Moi, j'avais dû faire effort pour ne pas lui témoigner ma profonde reconnaissance ; j'aurais offensé mon gentil attelage. Mais combien ce vieillard, faute d'autorité, m'était secourable ! Les premières heures de hamac et la chaleur atroce, car nous nous étions mis trop tard en route, me laissaient fiévreuse et avide de confortable. Le vieux chef n'avait, certes, réussi qu'à faire balayer ma case et apporter de l'eau par deux vieilles femmes, les siennes ; lui-même devait, de ses mains, m'apporter mes vivres, personne n'ayant voulu sans doute l'accompagner. Il ne m'avait donc, en apparence, donné que peu de secours ; mais il me procurait la paix et le silence malgré lui. Le silence est ce qui est le plus difficile à acquérir pour un Européen en mission au pays nègre. Discours de bienvenue, bruits de tam-tams, cris d'enfants, chants de griots célébrant ma louange m'avaient, ailleurs, rappelé que j'entrais chez des gens qui attendaient de moi quelque miracle. Mais qu'étais-je au juste à leurs yeux? Une envoyée de leurs protecteurs? de leurs vainqueurs? Représentais-je un autre ciel et une autre terre? un supérieur? Devais-je leur apporter à l'un de ces titres plus de liberté, de fortune, de bonheur? Quel bonheur? Je ne le savais pas. Ils ne le savaient pas eux-mêmes. Et c'était très angoissant.

A Faradiélé, les Européens et Européennes ne sont peut-être pas populaires : point de tam-tams, de visite en groupe des notables, des vieilles femmes ; pas de compliments des anciens tirailleurs ; pas de placets. Là on n'attend rien de moi et je ne dois rien à personne. Je me crois absolument chez moi comme je le croirais être chez mes fermiers si je possédais un petit domaine dans quelque province de France. Ils m'accueilleraient avec courtoisie, mais discrètement, sans interrompre longtemps leur travail. Ceux de Faradiélé se sont tout juste déplacés pour préparer ma table et mon lit comme si je revenais d'une courte absence.

Vers quatre heures, après la grande chaleur, je vais au village comme on va au jardin faire le tour de plantations nouvelles. Puisqu'on ne m'acclame pas, je n'ai pas à grimacer des remerciements et à plaire, je n'ai qu'à répondre à quelques bonjours, à quelques sourires, qu'à serrer, çà et là, quelques pattes tendues par curiosité, par sympathie ou par embarras. Il m'en reste aux doigts de la fraîcheur, comme si je m'étais emparée de quelques branches ou feuilles poussées en bordure de mon chemin.

De retour je contemple intérieurement ma maison. Semblable à toutes les cases indigènes, elle est faite de murs circulaires en argile crue et durcie au soleil. A l'extérieur, une étroite véranda, en terre également, la suit, ourlée d'un rebord qui peut servir de siège et que le toit parvient à ombrager en débordant le mur. Ce toit conique en paille, dont je m'amuse à regarder au-dessus de ma tête l'armature intérieure de bois grêles, n'est pas posé directement sur le mur comme un couvercle. Des fourches le surélèvent pour laisser passer l'air et la lumière. Cela me permet d'écrire malgré l'absence de fenêtres. Cela me permet aussi d'apercevoir de grandes araignées immobiles, plaquées contre le mur grisâtre. Autour du centre noir de leur corps, leurs pattes allongées sont disposées si régulièrement qu'elles évoquent ces rayons que les écoliers paresseux dessinent sur leurs cahiers de classe autour d'un pâté d'encre et qu'ils appellent des soleils noirs. Je ne songe pas un instant à chasser, à tuer, mais à peine à effacer d'aussi naïves décorations. Elles sont le seul luxe indigène de ma case avec une natte mince et étroite et un gros « canari » en terre contenant de quinze à vingt litres d'eau. C'est une boule noire, ornée extérieurement de hachures, qui ne porte pas d'indication de base, mais s'ouvre en calice pour permettre de la remplir ou d'y puiser. Généralement une petite excavation au centre de la case ou près de la porte indique la place de ce lourd gobelet instable, mais on le cale d'autres fois avec des pierres. Mes meubles français, outre des malles et des valises, sont une table, une chaise et un lit pliants que dès l'arrivée Ghibi a dressés.

Lorsque, tout à l'heure, pour prendre mon tub, je voudrai me dérober aux regards de mes voisins les porteurs ; lorsque, cette nuit prochaine, je voudrai me préserver des agressions nocturnes, je dresserai simplement un « séko », claie légère en paille tressée, devant l'huis de ma demeure.

Les panthères, les hyènes et les hommes noirs respectent tous le séko. Seuls, les chiens et le vent le renversent quelquefois.

PARAGARA. — 21 *février*.

La deuxième étape est enlevée plus vite et plus allègrement que la première, quoique plus longue. Les porteurs s'entraînent, en même temps qu'ils s'habituent à leur mésaventure. Hier matin, ils venaient d'être « pris » dans leur village, par leur chef, pour la réquisition de portage, payée d'ailleurs un franc par homme et par journée. Ils en étaient encore étonnés et penauds ; mais aujourd'hui, ils n'y pensent plus et il est surprenant de voir des hommes fournir sans excitants un aussi long effort musculaire. Ce qui est remarquable chez ceux-ci particulièrement, c'est l'indifférence avec laquelle ils acceptent les charges inégales qu'on leur distribue ; on dirait des chevaux qui se laissent atteler indifféremment à des tombereaux vides ou pleins. On ne voit pas cela à Kankan où le portage est intensifié. Chez ceux d'ici, ce n'est ni bêtise, ni abnégation, ni générosité, c'est une pudeur, une fleur qui n'appartient qu'à l'inexpérience.

Nous traversons d'anciens villages « cassés » par Samory, l'Attila des noirs ; de certains, il ne reste plus que le mur d'enceinte, « tata », ébréché et quelques fragments des cases brûlées parmi lesquels croissent les arbres.

Paragara est un exemple impressionnant de ces ravages. Sur un ample versant dépourvu de brousse, ce qui reste de l'épaisse fortification prononce une courbe très ample, partie pour embrasser une ville et qui n'abrite du vent que quelques groupes de cases. En ce désert, très distants l'un de l'autre, deux fromagers gigantesques s'élèvent. Dépouillés de leurs feuilles comme ils le sont tous en cette saison, et mutilés, ils ressemblent, eux aussi, à des ruines romantiques.

Je fais au pinceau, avec l'encre de chine, un croquis d'objets plus familiers : des cases, des haies, des jeunes femmes qui reviennent du marigot, buste nu selon l'habitude des rurales, tête chargée des calebasses remplies de l'eau potable qui nous est destinée.

A Paragara, la population prend bien soin de mes porteurs et Ghibi, de moi. Hier, à Faradiélé, fiévreuse, je n'avais pas voulu manger. Aujourd'hui, pour la première fois, car au poste je prenais mes repas chez l'administrateur, Ghibi va me faire la cuisine. Je l'observe accroupi auprès de son feu. Il rajeunit décidément tous les jours ; en ce moment, ses gestes répétés et son visage soucieux gaspillent tant d'attention au profit de l'humble marmite qu'on dirait un bébé qui s'applique. Ses joues trop fortes ajoutent à l'illusion. Le voilà qui m'apporte jusqu'à ma case une cuillerée du riz en train de cuire afin de me faire juger des proportions de son assaisonnement. A cinq heures du soir, il vient m'apporter dans le champ voisin où je dessine, une cuillerée de bouillon de poulet afin que je l'assure qu'il est en bonne voie. Il a fallu qu'il marche les genoux pliés et à très petits pas parmi les pierres, pour ne pas en renverser. Mais je bois avec combien d'admiration !

Il est peut-être plus satisfait que moi. Depuis que je vais mieux, je deviens son œuvre, je lui appartiens. Ce soir, il sera content de me voir couchée sous ma moustiquaire comme dans une cage. Il m'est reconnaissant ainsi qu'à un oiseau étranger, délicat, de vouloir bien respirer dans son pays et manger la nourriture spéciale qu'il me prépare et à laquelle il ne touche pas. Il a peut-être encore plus de gratitude pour moi que je ne lui en ai moi-même de m'avoir accompagnée spontanément. Je ne lui ai pas encore dit combien je le paierais, ou si je le paierais. Il ne me l'a pas demandé non plus et ce n'est certes pas le moment d'agiter la question. Il serait furieux, il croirait que je me moque de lui, car ce soir on dirait que plus il travaille, plus il s'endette.

BONOUNKO. — 22 *février*.

Le village de Bonounko est à trente kilomètres de Paragara. Pour l'atteindre à midi, nous sommes partis au clair de lune, d'un cinquième de lune ; les porteurs ont blessé leurs pieds nus sur les pierres et saillies de la route rocheuse qu'ils ne pouvaient voir et leur marche s'en est ressentie ; leur humeur aussi.

Je ne me hâterai pas d'en conclure contre eux, comme les transportés européens le font d'ordinaire. Jamais plus que ce jour-là je ne les ai admirés, tout à leur misère, travaillant sans parler pour ne pas s'en laisser distraire et, rageurs, l'aggraver.

Jamais le milicien ne m'avait agacée autant. Bélia Keïta est monté. Son joli cheval, sa propriété, est élégamment harnaché à la manière indigène : cuirs de la selle et des brides ornés de gaufrures arabes, longues franges de cuir qui coiffent l'animal à la chien et lui émouchent les flancs. Bélia lui-même porte bien l'uniforme kaki, la chéchia rouge, les bottes. Le grand chapeau conique des notables indigènes, décoratif et inutile, fixé à une sangle et mis en bandoulière comme son arme, couvre son dos. En outre, il possède des gestes nets, une voix forte et agressive d'ancien sergent.

D'après ce que l'on nous dit de la grande influence exercée sur les noirs par l'appareil de la puissance, Bélia devrait avoir, aux yeux de mes porteurs, du prestige et de l'autorité. Or il n'en a pas du tout. Bélia est sévère et crie beaucoup, non par tempérament, mais par docilité, parce que ses supérieurs blancs lui ont dit que seule la force fait mouvoir les subordonnés noirs.

Les subordonnés n'ont même pas besoin d'être noirs pour se rendre à la manière forte ; ceux de Bélia comprennent fort bien que les bottes, chez celui qui ne marche pas, sont symboliques ; mais ils sont trop fins pour confondre la force et les engueulades. Les noirs ont peur des supplices et de la prison comme tout le monde, mais ils distinguent ce qui ne saurait les atteindre.

Bélia menace trop souvent les porteurs de leur « casser la gueule » et ils ne s'en émeuvent pas ; sa voix rude ordonne en vain : « ala san taâ ! ala san taâ ! » pour presser leur marche, car j'entends murmurer comme en réponse, devant ou derrière moi : « doni-doni, doni-doni » (doucement, doucement).

Si j'étais un fonctionnaire colonial, ou même une personnalité blanche quelconque ayant de la dignité, j'estimerais l'ancien tirailleur responsable de cette insubordination et je le ferais punir. Il est bien possible que l'ancien tirailleur soit le responsable. Je me rappelle que l'un de mes anciens élèves, alors ordonnance d'un lieutenant, me tenait ce propos :

— Lorsque la madame du lieutenant me crie : « Dépêche-toi, Sory, cours plus vite que ça », alors moi, je marche plus doucement : doni-doni.

Si je n'avais pas connu à Fréjus Sory Kamara, je n'aurais pas compris mes compagnons du Soudan, et peut-être aurais-je eu peur de leur gravité, qu'on dit être de mauvais augure. Mais au mot : doni-doni, je crus revoir la chère figure de mon vieil ami Sory ; j'abandonnai Bélia Keïta à son sort ; je me mis à rire et à prononcer moi-même doni-doni, d'un air enchanté.

Bélia n'a pas mieux réussi auprès des chefs noirs. C'est en vain qu'il a empoigné par son boubou celui de Paragara en lui intimant l'ordre d'envoyer en avant un courrier, selon la coutume, pour prévenir de notre arrivée le chef de village de l'étape suivante. Le molesté s'est joué de lui et de moi.

Arrivés à Bonounko, les porteurs seront donc obligés d'attendre leur déjeuner jusqu'à quatre heures de l'après-midi. Le « gâteau » de mil est, en effet, d'une longue préparation, d'autant plus que le grain n'est pas décortiqué d'avance. Pour le nettoyer, les femmes le pilent trois fois dans les mortiers, trois fois elles le rincent ; puis elles le font bouillir, le pétrissent en crêpes séchées à la vapeur, l'accompagnent, une fois placé dans les calebasses, d'une sauce composée de beurre de carité et de tomates ou d'oseille indigène, ou d'arachides pilées. Les condiments sont le piment ou le soumara, fromage végétal, très noir et très fort, fait avec les graines fermentées du néré, arbre de la brousse. J'ai goûté souvent au mil et à ces sauces qui, dans les villes, sont excellentes. Mais il est rare qu'on fasse aux porteurs, dans les villages, pour le prix qu'ils y mettent, l'honneur des meilleures. A Bonounko, ils ne sont pas gâtés.

Ghibi s'est montré si accablé toute la journée que je le pressens très bon juge de la situation et lui en demande l'exposé. Il me répond les yeux baissés, sans nommer Bélia :

— Gueuler sur le noir qui est fatigué, c'est pas bon, il peut plus gagner de la force...

Je suis réveillée, la nuit, par le hurlement des hyènes ; c'est une note prolongée qui s'élève brusquement d'un ton et retombe à plusieurs reprises. En chœur, cela produit une espèce de ricanement assez lugubre. Je suis sortie de ma case, mais la lune n'est plus qu'un délicat C linéaire et je n'aperçois pas les fauves.

Bélia qui veille, — sur la sécurité de son cheval, peut-être, — me dit qu'ils ont fui au seul crissement du séko.

23 *février*.

Ce matin, à quatre heures, je suis émerveillée de constater que des faisceaux de roseaux secs ont été préparés la veille au soir, à mon insu, pour servir de torches. Je ne demande pas à qui cette initiative est due, car je n'ai pas de goût pour dispenser l'éloge, non plus que le blâme, tel un supérieur ou un pion ; mais je témoigne de ma joie devant l'heureux phénomène. Ce sont les quatre hamacaires de relais et Ghibi qui portent ces torches aussi hautes qu'eux et dont les lueurs amusantes partagent en cinq parties notre file indienne, pour éclairer le sol raboteux. Mais nous ne sommes qu'une procession de fantômes, car seules les loques de coton blanc, accrochant la lumière, s'enlèvent sur la nuit, tandis que les corps des noirs s'y enfoncent. Quant à la brousse, elle se refuse décidément, en toute occasion, à être menaçante ou mystérieuse, et ce matin, justement, pour cacher ses hyènes, elle exhale une odeur de jasmin et de seringa comme une banlieue de Paris.

Quand le jour est venu, ce qui m'étonne plus que notre marche triomphale de la nuit, est le silence de Bélia. Il n'est plus la mouche du coche de la caravane. Je ne lui ai pourtant pas exprimé la veille mon mécontentement. Je m'étais promis de ne pas intervenir entre les porteurs et lui. Je n'avais pas plus à méconnaître son droit de brimer que celui des porteurs de se plaindre. Je n'avais donc fait que manifester une quelconque présence humaine par cette exclamation, au cours de l'après-midi :

— C'est malheureux qu'à cinq heures du soir, des hommes n'aient pas encore mangé depuis la veille !

Cela a-t-il suffi à lui communiquer le sentiment de son impuissance? ou mon apparente indifférence l'inquiète-t-elle? ou peut-être ne tient-il pas tant à être malfaisant et s'en dispense-t-il, lâchement, quand il le peut, comme d'une tâche? En tous cas, il ne semble pas avoir l'abdication amère. C'est très poliment qu'à neuf heures, il me demande de l'autoriser à aller lui-même, au trot de son cheval, prévenir le chef de Toumania de faire la cuisine des porteurs à l'avance. J'ai d'abord envie de le plaindre de sa reddition ; mais quand je vois son fier départ au galop, son chapeau de chef marquant sur son dos, par ses bonds, un rythme rapide, j'ai la quiétude de le savoir toujours dans le rôle et toujours en beauté, quoiqu'au second plan, sur le ciel.

TOUMANIA. — GUINÉE.

Ma conversation avec les chefs de village de cette région est très monotone, comme le paysage :

— Vos troupeaux ont-ils été détruits par la peste bovine?

Réponses variées.

— Avez-vous récolté assez de mil?

— Oui, c'est une année moyenne.

— De riz?

— Non, la pluie est venue trop tard, nous n'avons pu semer ; alors, pour payer l'impôt de six francs par personne, il faudra vendre les chèvres.

— Pourquoi a-t-on fait le feu de brousse dans des endroits où il n'est pas nécessité par la culture?

— Parce que l'herbe qui repousse après l'incendie attire, à portée de nos fusils, le gros gibier.

— Mais, j'ai vu, près d'ici, des carités et des nérés qui sont brûlés.

— C'est un accident. Cela n'arrive pas quand on fait le feu de brousse à temps, c'est-à-dire avant que l'herbe soit trop sèche. A ce moment-là, la flamme ne s'élève pas trop haut, elle ne brûle pas les arbres, elle les chauffe et leur fait produire plus de graines.

J'émets l'objection que le feu détruit, avec l'herbe, les jeunes plants des précieux arbres, qu'il atteint des parties pauvres de la brousse où, disparue, elle ne se refera pas ; je montre en exemple la dénudation de plateaux, de bosses, et je parle des relations du déboisement avec le régime inégal des pluies, dont ils se plaignent.

Mais j'ai l'impression de faire un prêche absurde, malgré l'extrême politesse des chefs qui me remercient de l'intérêt que les Blancs instruits témoignent aux Noirs ignorants. Certains vont jusqu'à remarquer complaisamment qu'en Côte d'Ivoire, où leurs fils vont chercher des kolas, la grande forêt dispense des pluies régulières et de la fraîcheur.

N'importe ; ici, je sens que l'indigène et le feu de brousse n'ont qu'une même destinée, et le chasseur soudanais pourrait, plus exactement qu'à moi, adresser au feu de brousse cette déclaration de fidélité : « tu es mon père et ma mère » que je reçois de tous les noirs.

Aussi je ne sais que répondre lorsque l'un d'eux me demande :

— Si les Français, qui peuvent tout, empêchent le feu de brousse, que nous donneront-ils à la place?

Puis-je lui présenter en échange notre avarice aux longs placements?

Koungo. — 24 *février* 1922.

Jusqu'à Koungo, je ne connaissais bien que quatre de mes porteurs : les deux couples antérieurs renouvelables de mes hamacaires.

A chacune des étapes précédentes, tous les hommes disparaissaient plus ou moins dans l'ombre des cases, faute d'arbres. Aujourd'hui, dès leur arrivée, l'ombre, exceptionnelle ici, d'un manguier, les rassemble à quelques pas de ma case, derrière la palissade d'arbustes, « purghères », qui m'enferme. Par une brèche je les vois tous parfaitement. Ils ont suspendu aux branches de l'arbre leurs gourdes et leurs petites musettes. Ils se tiennent assis et presque tous causent en attendant le mil. Je suis étonnée de la qualité de leurs formes et de l'harmonie de leurs visages à plans multiples, à facettes. Je pense à une collection que j'aurais réunie. Il est vrai que l'élégance des coiffures y est pour beaucoup ; deux hommes, crânes tondus, semblent vulgaires, tandis que d'autres, dont les joues s'encadrent de fines tresses raides et libres, dont le front se surélève d'une triple crête, prennent une étonnante valeur d'art et de perfection.

Ce qui, bien plus que la plastique de ces campagnards m'étonne, c'est qu'après sept heures de marche, leur repos ne soit pas plus lourd. D'où vient qu'ils ne sont pas affaissés sur eux-mêmes, écroulés, vautrés à terre comme on le voit en France chez les ouvriers ou les paysans après la journée? J'en vois d'assis qui posent sur leurs genoux des bras horizontaux allongés, au bout desquels les mains libres délient des gestes ; d'autres qui, sur leurs jambes ouvertes, suspendent le pont de leurs longs avant-bras. J'en vois un, dos et bras adhérents au sol, qui dresse vers le ciel des poignets aigus d'où les mains retombent fines, tels des brins de saule, hésitantes, vers le visage ou le thorax. Je ne vois pas de chairs tassées en paquets, je vois des arbustes branchus et nerveux, aigretés de feuilles.

On ne parle, aux colonies, que de l'oisiveté permanente des hommes noirs. Il faut avouer qu'ils font tout ce qu'il faut pour se voir faire ce reproche, puisqu'on ne saurait distinguer de l'oisiveté, leur repos. Si je ne savais, aujourd'hui, que ceux-là m'ont transportée, j'aurais pensé, en les regardant, qu'ils ne s'étaient, depuis le matin, occupés qu'à parfaire leurs attitudes à l'égyptienne.

Cependant mes compatriotes admettent que les femmes indigènes travaillent beaucoup ; ils l'admettent parce qu'ils voient des objets sur leurs têtes, dans leurs mains ou sur leurs reins : calebasses pleines, fagots de bois, ballots de linge et bébés. Alors ils disent que toutes les femmes noires sont des bêtes de somme et que les hommes sont des fainéants et des potentats. Il est entendu que les hommes possesseurs de plusieurs femmes et de grands garçons ne travaillent plus. Mais le fait que ces femmes que je vois ne se reposent point ne prouve pas absolument qu'elles soient plus fatiguées que ces garçons qui se reposent. Si quelque génie malicieux rendait invisibles leurs charges, on dirait peut-être d'elles comme de leurs maris : « Regardez ces belles attitudes tranquilles, ces gestes souples, ce ports noble de la tête, ce balant royal de leurs bras, cette chute des mains dédaigneuses ! On voit bien qu'elles ne pratiquent pas les travaux grossiers de nos paysannes et qu'elles ne sont, comme des reines, bonnes à rien ! »

A Koungo, où je passe deux jours, j'interroge une jeune femme sur sa vie ; ce n'est pas pour sa mise en accusation, je n'ai pas été la chercher : c'est elle qui est venue toute seule dans ma case, comme une effrontée. Je crois qu'elle est venue parce qu'elle est jolie. On dit que les noirs ne prêtent aucune attention à la beauté et qu'ils choisissent les femmes habiles avant les belles. J'en ai vu des preuves ; mais cela n'empêche pas les jolies femmes d'avoir plus d'assurance que les autres, puisque ce sont toujours elles qui m'abordent les premières. Je crois donc que Fanta est entraînée vers moi par l'éclat insolent de ses dents. Elle répond à mes questions, Ghibi traduisant, qu'elle est mariée depuis cinq ans, a trois enfants, deux filles et un garçon, qu'elle s'entend très bien avec la première femme de son mari et avec sa belle-mère ; qu'elles couchent toutes les trois ensemble les nuits où son mari n'appelle pas l'une d'elles dans sa case. Elle dit aussi qu'elle n'a jamais été battue. Comme il faut bien, après cette enquête que je plaisante pour la rassurer, je lui affirme que tout le village m'a déjà fait connaître qu'elle est la femme la plus battue de la région et je montre, en les effleurant du bout de mon index, sur son torse nu et soyeux, une multitude de places où je prétends voir des marques de coups. Elle proteste avec de longs rires ; je lui laisse toucher mes bagues, les retirer de mes doigts pour les passer aux siens. Je lui demande pourquoi elle est venue me voir. Elle répond que c'est parce que je suis une belle femme, bien habillée. Je lui propose de l'emmener à Paris. Elle s'amuse d'abord, puis elle prend peur et ne revient qu'avec un renfort féminin.

L'après-midi, je dessine des passants : hommes, femmes, enfants, moutons, vaches, ces vaches qu'on n'a pas informées de la préséance dévolue aux Blancs et avec qui je me trouve tout à coup nez à nez quand je me promène sans guide dans des sentiers étroits sous les arbres.

Si je dessine des femmes, les garçons, qui suivent des yeux mon travail, leur crient que c'est une manière que j'ai trouvée de les emporter en France. Quelques-unes le croient et se sauvent.

Les femmes rentrent des champs de culture, le soir, chargées de manioc, et la confection du gâteau de mil étant très longue personne, parmi les indigènes, n'a encore dîné à huit heures du soir.

J'ai dîné à six heures et après je me promène seule. Dès que la nuit et mon kimono à ramages sombres me rendent invisible, je vais d'un enclos familial à un autre, mais sans y pénétrer tout à fait. Ignorante des chemins, je me tords les pieds dans les trous laissés par la récente extraction des racines du manioc ; je ne suis guidée que par la seule lueur des feux de cuisine. Je regarde souvent de très près ce qui se passe autour de ceux-ci. Tout l'élément féminin, et cet élément seul, est groupé là, animé, bavard, rieur. Il y a une dizaine de personnes de tous les âges qui attisent la flamme, versent l'eau, pétrissent les crêpes, tournent la sauce... La lumière s'accrochant facilement aux peaux moites, je vois apparaître et disparaître de jeunes seins cambrés et raides, des seins qui roulent sur la poitrine comme des outres à demi vidées, enfin des seins très longs et bien plats, poches inutiles et qui flottent, gênantes, faute, semble-t-il, d'un point qui les retiendrait proprement à la taille.

Les petits garçons ont aussi un feu qu'ils cultivent pour s'amuser ; mais le chef de case, homme d'âge mûr, est assis seul mélancoliquement sur son seuil. D'autres hommes, parents plus jeunes, vont et viennnent lentement entre leurs cases respectives. L'élément masculin n'a pas l'air de s'amuser. A cette heure-ci où la faim le domine, pas de palabres et de récits.

Je me demande quelles pensées, de ces femmes rieuses vont à cet homme mélancolique? Quelles pensées, de cet homme vont à ces femmes? Pense-t-il à la femme qu'il aura ce soir? Regrette-t-il que ce ne soit pas le tour d'une autre, ou bien, docile, subit-il ses chances l'une après l'autre? Ses femmes : formes indifférentes d'une jouissance trop certaine? Sauces successives du même plat de mil quotidien? Ou amour, tel que nous l'entendons?

Dans cet enclos d'une quinzaine de mètres de côté, les deux sociétés féminine et masculine se touchent, mais comme l'huile et l'eau, sans se mélanger, du moins je le vois ainsi. Certes, pour préserver la famille, toutes les civilisations ont pris des mesures contre l'amour ; mais il semble qu'aucune n'en ait pris d'aussi rigoureuses que la civilisation nègre. Elle est un chef-d'œuvre de ce que certains appellent improprement la pudeur. On peut se promener indéfiniment dans des villages nègres sans apercevoir de commerce sentimental. La sensualité est réduite au minimum, le contact à l'essentiel. C'est le moindre gaspillage pour le plus grand rendement : une espèce de système Taylor pour la production des enfants.

Mais si les institutions nègres offrent cet angle américain, qui nous dit que tous les individus l'acceptent? Peut-être en est-il ici comme chez nous, qui réagissent vers la liberté et l'amour en des modes inconnus de nous. Seuls des écrivains indigènes nous le diront. Toutes les sociétés sont des formes humaines où l'homme ne se reconnaît pas.

TALAMA. — 26 *février.*

A l'entrée de plusieurs des villages que nous traversons tous les matins, en cours de route, se dresse un poteau hérissé de fourches, lesquelles servent à enfiler les cornes des grosses antilopes ou des buffles. Ces trophées désignent orgueilleusement les villages de chasse, tandis que d'autres, les cornes de kobas, enrichissent les tam-tams locaux d'agréables instruments à vent.

Ici, aujourd'hui, les hommes sont presque tous ivres. Ils ont fêté, la veille, la circoncision de trois garçons en buvant le dolo, bière de mil, et l'hydromel. Ils ont sans doute dansé et crié cette nuit ; mais ils ne crient plus : ils rient avec une nervosité particulière. Un ancien tirailleur est venu dans ma case pour me saluer. Il tente sans doute de me faire un compliment : il reste absolument inintelligible ; alors, ne sachant que faire, il rit, comme tous les autres. Ghibi, qui ne boit jamais que de l'eau, bien qu'il ne soit pas musulman, regarde l'ivrogne avec le même air sévère, avec la même silencieuse attention qu'il met à surveiller un potage au lait qui bout trop fort et qui pourrait bien se sauver ; on sent que l'ex-tirailleur lui donne comme une envie de soulever un couvercle ou même d'enlever tout à fait le pot.

27 *février*.

Comme nous partons toujours la nuit (avec des torches), nous atteignons le fleuve Sankarani avant l'arrivée du jour et du piroguier. Nul homme de l'escorte ne connaît le gué. Bélia retourne, au galop du cheval, au précédent village, pour chercher un guide.

Des brumes épaisses cachent les eaux du fleuve, s'échappent parfois de son lit et, le long des berges, se hâtent, enveloppantes et glaciales relativement à la chaleur du jour. Il faut bivouaquer. Je me roule dans une couverture, assise, les pieds vers la flamme, et je regarde les jeux amusants dont elle anime les visages des hommes qui sont en face de moi. Même lorsque le jour viendra, je ne me retournerai pas pour saluer le fleuve ; il n'est d'ailleurs pas majestueux comme le Niger ; il a une physionomie commune autant qu'aimable. Il ressemble vraiment trop à la Marne. Voici le double bourrelet des arbres penchés sur ses rives, denses et plumeux. Il y manque les peupliers. La Marne est plus singulière. Quant à la brume, c'est une parure qu'il n'est besoin pour admirer partout que de se lever très matin. Mes nègres sont tout mon paysage. Au Soudan, la végétation, la terre, le ciel ne constituent pas un paysage, ils ne sont qu'un fond, un fond discret choisi pour mettre en valeur les hommes noirs ; ainsi chez nous un ciel rose ou lilas fait valoir les chênes.

Les porteurs sont un peu trop gais ce matin, ou plutôt leur gaîté n'est pas du meilleur ton, car l'imprévu de notre bivouac n'en est pas la seule cause.

Je n'ai pas encore précisé comment les porteurs se nourrissent. Les Blancs disent qu'ils mangent comme des cochons. Je trouve qu'ils mangent comme des poules. Cela tient peut-être à la nature de l'aliment. Je ne veux pas dire qu'ils prennent le mil grain à grain, puisqu'ils l'ingurgitent en boulettes ; je veux dire qu'ils en remplissent leur estomac très exactement comme une panse. Ainsi leur digestion, comme celle de nos oiseaux, se prolonge au delà de la nuit, jusque fort avant dans la matinée, ce qui explique qu'ils peuvent reprendre leurs lourdes charges et se mettre en marche sans le secours de notre café.

Or, hier soir, l'un d'eux a passé la mesure, et ce sont ses éructations trop fréquentes qui excitent la verve de ses camarades. Mais ce n'est pas cette hilarité d'enfants de vingt ans qui m'étonne et que je tiens à signaler. C'est le silence désapprobateur de ceux qui n'y participent pas. Presque comme dans la chanson, ils sont dix qui rient et cinq qui ne rient pas. Ghibi est de ceux-ci ; mais pourquoi? Il ne me le dira pas. Ghibi prétend que les rieurs parlent d'histoires qu'il ne connaît pas. Mais Ghibi ment : ils parlent du ventre de Bala Kondé. Les cinq protestent-ils contre la lourdeur des plaisanteries ou contre l'excès impoli d'une joie à laquelle je ne peux pas participer? C'est plutôt cela. Ils n'ont pas voulu me laisser seule.

Quand Bélia revient avec le guide, la caravane le suit à travers les sinuosités du gué :

ce sont les plus grands des hommes qui, du haut de leurs bras levés, suspendent mon hamac au-dessus de l'onde. J'admire que, gris de plaisir autant qu'ils le sont, ils ne cèdent pas à la tentation de me laisser, des reins, effleurer l'eau, rien qu'une seconde et comme par hasard : ce serait si drôle ! Mais ils sont trop neufs pour avoir besoin de tels excitants : l'émulation seule, pour la perfection de ce travail de luxe, comble leur âme.

Avant d'arriver à Faralako, je vois transporter, vers un village, les dépouilles sanglantes d'un buffle sous forme de cinq charges, portées à tête d'homme. De loin, cela ressemble à cinq tronçons d'un fût d'acajou écorcé, ou à une pirogue ponceau sur la mer bleuâtre des basses verdures.

28 *février.*

Jusqu'ici les champs de culture, les lougans, étaient si rares, qu'à la superficie de la brousse la leur comparée paraissait dérisoire, comme à la mer celle des bateaux. Autour de Komana, les traces de culture sont bien plus nombreuses et le village est bien situé. Il est égayé, çà et là, de manguiers, entouré de beaux arbres, baobabs, caïlcédras, qui semblent d'agrément. La brousse qui dévale à partir du caravansérail, sous mes yeux, a presque l'air d'une forêt, de celle de Saint-Germain vers Poissy, mais moins sauvage. Non loin de ma case est le carré du chef. Celui-ci est assis à l'ombre d'un néré ; c'est déjà d'un sybaritisme qui annonce Kankan. Il tient dans ses bras un bébé, une petite fille toute nue, sauf la ceinture de grosses perles qui lui ceint les reins. Il ne lâche pas son fardeau quand il vient me saluer ni quand, m'ayant quittée, il va se rasseoir. Deux autres enfants s'attachent à ses genoux. Leur mère est la fille du chef, jolie, et d'aspect paisible. Elle se tient debout derrière son père, discrète, mais très proche, oisive et confiante. Elle n'a pas l'air d'une servante. C'est déjà presqu'une institutrice. C'est l'air dissolvant de la ville voisine qui, décidément, souffle jusqu'ici.

KOBA. — 29 *février.*

Koba où nous allons arriver, est la dernière étape avant Kankan. Je pense à mon amie, Mme H., à Bougouni, qui s'étonnait que j'aie le courage de partir seule dans un groupe de noirs et de vivre parmi eux plusieurs jours sans voir un européen. Ce courage, en cour de route, a doublé, puisque je souffre à présent de ne pouvoir, sans passer par Kankan, atteindre Beyla avec l'escorte actuelle.

Mes huit hamacaires sont très en forme. Ils ne peinent plus. Pour me récompenser sans doute de n'être pas corpulente, ils m'offrent des distractions de leur goût. Pareils à des gosses, ils poursuivent les porteurs de malles, partis les premiers, et prennent la tête.

Dans les descentes brusques qu'imposent les vallons, lits desséchés de rivières, au lieu de retenir, ils se laissent précipiter par la pente, ceux d'avant soulevant mon cadre à bout de bras, ceux d'arrière pliant les genoux pour le maintenir en ligne horizontale. Ils ne ralentissent qu'au passage des ponts, ces petits ponts indigènes en bois, dont les organes ont toujours un peu besoin, avant l'usage, d'être auscultés. Inversement, à la montée, ils se cambrent, tendent les jarrets, magnifiques ils me font penser à ces trois chevaux de l'omnibus Bourse-Passy dont j'admirais, enfant, les torsions de reins et de croupe à la côte finale du faubourg Saint-Honoré.

Cependant, quand Ghibi leur confie que je veux, avec eux, aller à Beyla, leur enthousiasme tombe. Un instant auparavant, ils jacassaient, chantaient ; maintenant ils murmurent. Aller à Beyla, c'est encore dix jours de portage : leur rire s'éteint. Et il ne leur vient pas à l'esprit que je plaisante, car l'invraisemblable est de mon domaine et de ma puissance ; l'invraisemblable, c'est déjà moi-même, cette femme qui, sans son mari, court le monde.

Koba, village de culture modèle, un de ceux, rares, que l'inspecteur d'agriculture peut présenter au gouverneur, aux députés.

Outre les produits déjà mentionnés : le mil, le miel, le manioc, le lait, la volaille, Koba offre en abondance le riz, les pommes de terre, les patates, les oranges, les ananas. Les porteurs se régaleront pour la première fois de riz, gluant de sauces riches.

Après Koba, je verrai venir à ma rencontre mes amis les chefs de Kankan, en boubous luxueux, caracolant sur leurs chevaux arabes ; leurs griots bruyants, agités et suants ; je retrouverai, en haies sur ma route, les femmes et les jeunes filles calmes et parées. Pour marquer le rythme des tam-tams, elles frapperont mollement des mains, tête renversée, distraites : toute l'élégance de la grande ville et des Malinké-Mori.

La Forêt du Haut-Niger.

3 *mars.*

Je n'ai passé que deux jours à Kankan. Je me dirige vers le Sud, vers la montagne et la grande forêt tropicale qui s'y amorce. Est-elle l'abri que je souhaite contre la chaleur ? le repaire de fièvres que certains me dénoncent? Je fuis avec plaisir, en tous cas, cette région-ci où règne la saison sèche dans sa plénitude. Hier, recluse, je me suis ennuyée, malgré d'aimables visites d'indigènes. En décembre dernier, j'avais observé à Kankan 18° la nuit, 30° à midi ; je sortais à toutes les heures de la journée avec les noirs ; mais hier, il y avait 36° sous ma véranda ; je n'osais pas affronter le soleil de la cour ; je me promenais au bord de l'ombre de ma case comme, pendant la traversée, le long des bastingages du paquebot, avec la même impression cruelle d'être assiégée par une hostilité infinie. Hostilité là-bas, de l'eau ; ici, du feu. Une autre hostilité, celle des moustiques, m'a empêché d'apprécier la fraîcheur du soir.

J'ai dîné, cette veille de départ, chez le receveur des postes et sa femme. Ils m'ont parlé de Van Dongen et de Matisse. Ils sont Parisiens et fous de peinture ; c'est très imprévu ici. Je leur ai montré des croquis ; j'ai parlé des résultats de ma mission officielle ; je leur ai nommé les étapes prochaines de mon voyage en pays de montagne : Beyla, N'Zérécoré, Macenta, Gueckédou, Kissidougou. Je leur explique que j'atteindrai Beyla, par Kérouané, l'ancienne forteresse du belliqueux Samory. Mais leur ami Z***, un colonial expérimenté, m'a arrêtée net :

— Vous voulez passer par Kérouané? Seule? Ne faites pas ça ! C'est un trajet épouvantable ! Et pas de médecin avant Macenta ! J'ai pris une fois cet itinéraire en cette saison-ci justement ; j'ai failli mourir. Je ne dirai pas que j'ai maigri : j'ai séché. Vous demandez ce que j'ai rencontré de si terrible? Tout ! La route, l'eau, la nourriture, la chaleur, la lumière, les moustiques.

— Mais... je pars demain matin à 5 heures. L'administrateur m'a déjà donné le montant des vivres de mes porteurs, leur feuille de route...

— Ce n'est pas, tout de même, parce que votre feuille de route est prête que vous devez risquer votre vie !

Pendant la nuit des cauchemars troublent mon sommeil et me réveillent. Je me rappelle leur cause. Elle est la même qui me troubla à Bougouni.

Décidément la faune féroce qui guette l'innocent voyageur dans la brousse, ce n'est pas le lion, la panthère, l'hyène ; ce sont les coloniaux bien intentionnés.

A l'aube grise, je me lève. Les porteurs sont déjà venus. Je les distingue à peine, assis çà et là sur les marches devant ma case, dans l'immobilité et le silence absolus.

Mon café au lait est prêt. Ghibi n'a pas oublié l'heure. Il est content de partir, lui aussi, mais pour d'autres raisons que moi ; il a horreur des villes. Et pourtant il a quitté son cher village proche de Sikasso pour aller me chercher à Bamako et m'accompagner, par Bougouni, à Kankan et où je voudrai. Je lui avais dit qu'il serait relevé ici par Mamady, mon premier compagnon. Mamady est à Kissidougou. Ghibi est déçu ; mais il attendra patiemment le retour de son camarade. Certes, il n'aime pas les pays où nous nous rendons. Lui, paysan des plaines, il voit dans tout homme de la forêt un mangeur d'hommes. Mais il ne veut pas que je le remplace.

— Si tu ne trouves pas Mamady, dit-il, je te suivrai jusqu'à Conakry, jusqu'à ton retour en France.

— Et ta femme? Et ton lougan?

— Eh ! je peux pas te laisser partir seule !

— Je prendrai un autre boy.

— Un qui ne t'a pas connue dans la France? Un qui n'est pas l'ancien tirailleur? Ça je peux pas laisser ! C'est seulement Mamady que je peux laisser. Mamady qui est la même chose tout pareil à moi. Tu n'as pas besoin de payer si tu veux, je resterai quand même.

L'administration me donne douze hommes. Au moment du départ, il manque deux porteurs ; ils se sont évadés.

Les villages des environs de Kankan, à tour de rôle, doivent alimenter de porteurs cinq directions : Siguiri, Bougouni, Beyla, Macenta, Kissidougou. Cela fait que les cultivateurs de cette région sont aussi, malgré eux, des professionnels du portage, et combien grincheux ! Ils ne ressemblent pas à mes gentils petits compagnons du Soudan qui se laissaient charger sans défiance. Ceux d'ici recherchent âprement les colis moins lourds. Ils n'ont pas de chance ; par suite de la défection de leurs camarades, il faut accroître leurs charges. Ils protestent d'une voix saccadée ou plutôt grognent... L'administrateur adjoint, qui exècre les porteurs de Kankan m'avait dit : « Ce sont des brutes forcenées. Lors de ma dernière tournée, les hamacaires ont trouvé moyen de jeter ma femme quatre fois par terre sur cette route même que vous allez prendre. Surveillez bien les vôtres. »

En sortant de Kankan vers le sud, le Milo [1] passé à gué, je rencontre une fraîcheur inattendue de paysage et d'atmosphère. Mais cela ne dure pas très longtemps. Bientôt reparaît une brousse basse semblable à celle du Soudan, ouverte par un chemin aussi rouge mais plus accidenté, raviné, interrompu par de plus nombreux ponts de bois indigènes placés sur les rivières et les marigots desséchés.

Un seul accident dans cette uniformité : l'élévation majestueuse de ces géants de la flore africaine, les fromagers, qui marquent l'emplacement des villages malinkés que nous traversons. Une seule distraction : la vue des nombreux marchands de kolas vêtus de blanc ou de bleu qui descendent de la montagne,

1. Affluent du Niger.

se rendant à Kankan, pour se disperser ensuite vers le nord.

Ils portent sur leur tête les précieuses noix enfermées dans un panier solide et de forme allongée, garni de feuilles renouvelées sans cesse. Souvent la peau du crâne de ces porteurs ou porteuses, décollée et refoulée par le poids supporté, parfois trente kilos, s'amasse en gros plis au-dessus des sourcils. D'autres marchands placent leur denrée dans des hottes fixées à leur dos; ce sont tous, ceux-là, des Toma. Ils remonteront dans la forêt avec des marchandises européennes ou avec des bestiaux. Les Soudanais étaient inversement montés avec des bœufs, du sel, des couvertures mossi ; il redescendent avec des kolas. Généralement le sel qui provient des carrières du Soudan septentrional est transporté sous forme de plaques ou barres par des caravanes de bourriquots.

Nous les croisons ou nous les dépassons, ces ânes, et dès qu'ils nous voient, ils se mettent en travers de la route : c'est une tactique... ou une coquetterie. Un âne est toujours plus joli de profil. Ceux-ci beiges, très petits, peu ventrus, bien décorés de noir, sont exquis.

Sana.

Groupe banal de huttes coniques. Village d'abeilles où chaque ruche, couleur de miel, offre sa petite porte, béante et sombre, à ses abeilles noires. Tout cela paraît minuscule au pied des arbres monstres dont j'ai parlé. Le tronc de l'un d'eux est si volumineux, si complexe de forme avec les contreforts, les arcs-boutants, les portails en ogive, les gargouilles, que forment ses assises et ses départs de branches que je m'y intéresse longuement comme à un monument gothique original, sans penser même à regarder son feuillage. Il est d'ailleurs situé bien trop haut.

4 mars.

Même paysage que la veille, mais sali par les récents feux de brousse. Je m'ennuie à le regarder : je dormirais bien. Mêmes hamacaires, malheureusement : je ne dormirai pas.

Je remarque parmi les passantes quelques belles filles ou femmes de cultivateurs ou de dioulas (marchands). Au passage de l'une d'elles qui possède des traits longs et fins, je m'exclame à demi voix :

— Quelle jolie fille !

— Jolie oui ! approuve, malgré lui, un de mes hamacaires, trahissant ainsi, le fourbe, une connaissance du français qu'il m'avait cachée et une sensibilité à la beauté qu'ils cachent tous.

Toutes les femmes de la campagne sont demi-nues. Je note des seins ronds dressés, des seins vides, plats et triangulaires abaissant leur pointe à la taille. Quant aux seins des mères, en forme de gourde, on ne les voit pas, leur relief servant de porte-manteau pour suspendre l'écharpe qui contient d'autre part, sur leurs reins, l'enfant. Une jeune fille qui nous croise, tête chargée de manioc, projette devant elle des seins si puissants et raidis qu'on dirait de deux bouteilles fixées là par ventouse. Cela n'est pas naturel, à force de l'être ; on pense à une figuration, à un fétiche femelle. Tous les hommes de mon escorte ont senti cette absurdité, tous ont ri, comme j'ai ri. La pauvre fille sent très bien qu'elle est ridicule ; elle se hâte pour échapper plus vite aux regards, et ses gros seins bougent comme des bêtes.

A Bissandougou, gros village, des dioulas, vêtus de toutes les nuances du bleu, assis sur la poussière rouge du sol ferrugineux, étalent

des kolas blanches et roses sur des feuilles émeraude. Des chasseurs demi-nus, violets, proposent les morceaux uniformément carmin, de la viande d'un buffle tué la nuit. Pour dix francs, j'ai un plein seau de viande et pour cinq francs j'ai cinquante kolas, le tout à l'intention des porteurs, cadeau personnel et désintéressé, car il n'achètera pas leur bonne grâce et leurs sourires : ils n'en ont plus, ils les ont donnés aux premiers Français qu'ils ont servis.

Falabala. — 5 *mars*.

En face de ma case, un arbre, assez semblable à un acacia, porte de larges fleurs jaunes comme des boutons d'or. Les arbres ou les herbes fleuris sont exceptionnels en cette saison ; je m'étais avisée, en cours de route, de cueillir un bouquet d'orchidées violettes, inodorantes et sans grande beauté, d'ailleurs. Ghibi et les porteurs ont réussi à me les faire jeter : il paraît qu'elles contiennent un poison violent.

6 *mars*.

Après dix heures de la nuit, je me suis promenée seule, hier, dans un petit sentier bien éclairé par le clair de lune. Le jour, ce sentier décoré par un défilé de femmes et d'enfants était d'une originalité captivante. Le soir, il me déçoit, pareil exactement à un chemin d'un petit bois de France : les nègres, si artistes cependant, œuvrent avec leurs pieds comme nous !

Les hyènes ont hurlé jusqu'au matin ; chaque fois qu'elles m'ont réveillée je n'ai pensé qu'à ceci : suivent-elles aussi, quand elles hurlent de cette manière, le petit sentier banal?

Ces jours derniers, dans chaque village, j'entendais toujours après notre arrivée des disputes d'hommes et des cris de femmes. J'avais cru jusqu'à présent à un sport de la région ; mais Ghibi m'a appris hier que les femmes crient sous les coups de leurs maris et que les hommes « gueulent » sous l'ordre du chef. C'est une double rébellion qui provoque ces clameurs.

Les femmes refusent d'aller chercher de l'eau pour nous ravitailler, parce que les marigots en cette saison sont loin sous l'ardent soleil. Elles n'y vont que lorsque les coups de bâton leur paraissent encore plus pénibles que la corvée.

D'autre part les notables refusent de me

donner le porteur supplémentaire que je demande pour aider mes hommes jusqu'à l'étape voisine. Leurs fils, disent-ils, sont à la chasse ou au champ. Ils ne cèdent qu'aux menaces de représailles du chef soucieux de me plaire.

Comment apaiser ces discordes dont je suis cause?

Je ne peux demander aux hommes de ces pays d'aider leurs femmes à charrier de l'eau ; je sais depuis longtemps qu'ici les activités sont très strictement spécialisées.

— Quand je suis retourné dans mon village, après la guerre, m'avait un jour raconté Ghibi, j'ai voulu laver mon linge. Chez mon capitaine, en France, je lavais toujours mon linge, avec le sien. Mais c'est les femmes dans le village qui ont rigolé. « Qui c'est l'homme là qui fait comme la femme? Qui c'est sa femme qui ne lave pas? Ce n'est pas Ghibi, avec sa femme? Ce n'est pas un homme et une femme de notre pays? » Alors, j'ai laissé. Qu'est-ce qu'un homme peut faire quand les femmes se moquent de lui?

Le cas des notables est plus facile à résoudre que celui des femmes. Il a suffi que je demande hier au chef de Falabala un porteur de village à village, au lieu d'un porteur d'étape à étape, pour que tout s'arrange. J'ai remplacé ainsi une complaisance par une servitude admise, et tout est là : j'en fais l'heureuse expérience ce matin. De Falabala à Faranfi, il y a trois villages. De l'un à l'autre, les habitants, très volontiers, se sont relayés pour porter ma malle, parce que c'est dans l'ordre. Qu'un homme parte chagé d'une lettre ou d'une malle de trente kilos, peu lui importe s'il fait village-village, c'est-à-dire s'il ne dépasse pas le village suivant. Que ce village soit à cinq, ou dix ou quinze kilomètres, peu lui importe encore, il ne rechignera pas, et ne demandera pas qu'on le paie, car il n'obéit qu'au simple principe de politesse qu'on lui inculqua.

Mais qu'on lui demande d'aller jusqu'à l'étape, ne fut-elle qu'à cinq kilomètres plus loin et dût-on le payer dix fois plus que les autres porteurs, il refuse. Et c'est très naturel. Les occasions pour les individus de se prouver à eux-mêmes leurs droits sont trop rares, ici, pour qu'ils les laissent échapper. L'homme noir est empêché, dès l'enfance, dans tous ses choix, tel le militaire ; et tel le militaire aussi il invoque le règlement, — l'usage, — comme s'il l'avait établi.

Faire la corvée rémunératrice que je lui

propose ne lui donnerait qu'un peu de monnaie, un bien matériel ; mais la refuser, c'est-à-dire refuser la seule chose qu'il puisse refuser, cela lui donne l'illusion de la liberté, le pauvre, et il peut la payer cher car c'est une belle fête morale !

7 *mars*.

La tristesse du paysage n'a fait que s'aggraver depuis que nous avons quitté Bissandougou. De Faranfi à Kérouané, le sol est calciné par les feux de brousse. Les écorces, les arbustes sont carbonisés, sinon les arbres, et il semble que de la cendre s'est envolée pour couvrir toute la verdure déjà pâlie, tout le paysage jusqu'à l'horizon et aussi le ciel qui se plombe.

Aucune couleur nulle part, ni aucune forme; la clarté, après le feu, à son tour, dévore tout ; le blanc même, le blanc des boubous de mes porteurs s'enterre dans la lumière.

Kérouané.

C'est une place-forte indigène qui fut le quartier général de Samory, le conquérant noir. Ses remparts d'argile, épais et géométriques, couronnent une courte colline trapue, dressée en pain de sucre sur la dépression environnante qui s'accroît vers le nord, se relève au sud.

De la porte du village, la vue est illimitée, mais c'est sans profit. La morne verdure que l'on y découvre jusqu'au bord du ciel, semble aussi inhabitable aux hommes et aux yeux qu'une couche de badigeon gris sur une cimaise. C'est le seul lieu depuis mon arrivée où je me sente dépaysée et seule, dépaysée dans le décor et dans le temps.

Le règne absolu de cette butte sur toute une plaine, de cette argile anguleuse et rouge sur un infini de brousse éteinte et moutonnante, c'est une expression médiévale de férocité majestueuse et sinistre. Pour vivre à son aise là, il faut être le monstre que fut Samory l'insatiable.

8 *mars*.

J'ai passé la nuit à m'enturbanner de compresses et à plonger mes extrémités brûlantes dans des cuvettes remplies d'eau. C'est ma première insomnie totale depuis que je voyage. Je me reposerai deux jours ici. Les porteurs prendront patience si je leur achète des kolas au marché qui aura lieu, me dit-on, aujourd'hui. Il se tiendra en face de la porte de la ville, sur la petite place marquée par ces quelques arbres élégants, discrets, dont le feuillage, exprès, ne se masse pas, de peur de créer dans le paysage abstrait la matérialité d'une ombre portée.

On m'a dit qu'à onze heures le marché battrait son plein et c'est à ce moment précis que je m'y rends. Mais qu'est-ce? Quelle extravagance? Ce n'est pas là un de ces marchés tels que j'en ai déjà vus à Dakar, à Kankan, Siguiri : un marché bleu, un marché blanc. C'est un aspect imprévu, insolite. Dans l'atmosphère défunte et déteinte, le groupe tassé en corbeille ronde de quelques centaines de femmes demi-nues, c'est vivant avec insolence, c'est puissant, c'est frais surtout, comme une touffe de lilas parmi les platras de vieux murs.

Comment le noir peut-il être si frais? Le noir est une source, un puits des couleurs. C'est le seul que la lumière de Kérouané n'épuise pas et où, seule, elle sait puiser les couleurs des fleurs et de l'arc-en-ciel. Dans un pays où le vert est gris, où le rouge, le bleu, le blanc sont gris ; où le vert des arbres, le rouge du sol, le bleu du ciel, le blanc des étoffes sont gris ; seul le noir satiné, reflété, de la peau des nègres est tout à la fois véronèse, violet, rose et bleu à la façon d'un bouquet de pivoines, d'iris et de lilas.

10 *mars*.

Faute de lune, les porteurs s'éclairent avec des torches pour sortir de Kérouané à 3 heures du matin. Mais cette lumière théâtrale est insuffisante pour rendre praticable une route étroite élevée au-dessus d'un double remblai. Un homme tombe dans le petit ravin avec une malle. Il a un genou, un coude très endommagés. La promesse de l'oindre de teinture d'iode le ranime, le remet debout. Cela lui produit le même effet qu'une gorgée d'eau-de-vie. Et il faut que je paie une tournée, non d'eau-de-vie, mais de teinture d'iode, à tous les autres porteurs, ou du moins que j'en arrose quelque région de leurs pieds nus meurtris. Leurs grimaces se corrigent au cours de l'opération en extases de saints. La teinture d'iode est un nouveau dieu chez les noirs.

Depuis Kankan, j'ai souvent rencontré, près des villages, de petites processions de jeunes filles et de jeunes garçons circoncis.

Si j'étais un ethnographe j'aurais été ravie de ces rencontres. J'aurais décrit l'ample robe couleur de rouille et le bonnet pittoresque des seconds ; j'aurais mesuré l'épaisseur du bandeau et la longueur du pagne qui ceignent les hanches et le front des premières. J'aurais insisté sur le sens des insensibles claudications et balancements, et j'aurais distingué entre les hochets bruissants que secouent filles ou garçons, d'un geste bref de leurs mains fines, pour rythmer le chant rituel. Surtout à cette occasion, j'aurais rappelé avec joie tous les détails des abstinences, souffrances ou kermesses des grandes fêtes populaires de la circoncision chez les nègres, triomphe de l'ethnographie.

Mais je n'aime pas l'ethnographie. Je l'aimerais si elle n'était qu'une science, même inexacte, comme les autres. Mais elle est un art de trahir les peuples pour les diviser, pire que l'histoire. Donner la vie de quelques individus pour la vie de tous, c'est la tromperie de l'histoire. Donner les formes collectives de la vie d'un peuple, pour ce peuple lui-même, c'est la trahison bien plus grave de l'ethnographie. Elle nous montre la chaîne et le collier d'un chien en nous disant : ceci est un chien ; le cachot d'un prisonnier en nous disant : ceci est un prisonnier ; une pelote de ficelle en nous disant : ceci est une guirlande de fleurs et de fruits.

Les coloniaux ethnographes nous montrent les rites de la circoncision, tous les rites des sociétés nègres, en nous disant : voici des nègres, voyez et touchez et reconnaissez que ce ne sont pas là des hommes !

Certes, les chaînes des peuples sont jolies et l'on pourrait bien les collectionner, mais dans une seule vitrine, par ordre de splendeur, et non par pays. Les rites de la circoncision et ceux de la communion catholique sont fort beaux. Ils sont des colliers, des licous gracieux, de forme, de puissance diverses créés pour domestiquer les petits des hommes. Les sociétés sont des chasseresses. Elles ont forgé pour dompter les êtres humains des harnachements qui épousent les formes de leurs âmes très étroitement. Mais il ne faut pas laisser dire qu'ils les représentent, car c'est le contraire. Il ne faut pas laisser les coloniaux dire en montrant les danses collectives de la circoncision : voilà ce qu'est l'amour chez les noirs, puisqu'elles président à sa ruine. Elles substituent à son jeu naïf des décisions d'emprunt, elles le dénaturent en le figurant.

11 *et* 12 *mars.*

Nous montons toujours depuis Kérouané et nous sentons déjà le changement du régime atmosphérique. Deux étapes avant Beyla : deux tornades, qui inaugurent la saison des pluies. D'intensité variable, elle durera longtemps cette saison, jusqu'en décembre. Au Soudan d'où je viens, au contraire, la saison des pluies finit tôt : octobre ; et commence tard : juillet. C'est donc la première fois que je vois pleuvoir depuis plusieurs mois et il me semble que c'est la première fois aussi que je respire à fond. A l'atmosphère sèche, je ne m'étais jamais abandonnée complètement, la vie m'y semblait un peu artificielle, je m'y sentais une coloniale novice ; maintenant l'air, le goût de l'air m'est familier, la lumière aussi, et la température. Hier en plein jour j'ai escaladé la colline abrupte en face de ma case. J'ai erré seule sur un plateau pierreux assez semblable aux causses du Tarn. Je me suis couchée pour mieux voir les nuages noirs et cuivrés tournoyer au-dessus de ma tête comme des aigles. De toute la longueur de mes bras nus j'ai goûté la fraîcheur de petites herbes rares récemment arrosées. J'avais envie de me rouler pour me mouiller mieux.

Je pouvais le faire, j'étais seule. D'ailleurs des noirs m'eussent-ils vue qu'ils auraient pensé sans trouble : les femmes blanches, quand elles se promènent seules, se roulent dans l'herbe. Et c'eût été tout de même plus véridique que l'ethnographie.

Pendant une halte de mes hamacaires, je vais étudier les termitières au bord de la route. Celles d'ici ne ressemblent pas à de gros champignons comme dans les plaines du Soudan, elles évoquent des massifs de petites Alpes qui seraient à l'usage des classes d'enfants, chacun étant pourvu d'un mont Gaurisankar, d'un mont Elbrouz et d'un mont Blanc. D'une baguette, je frappe ces pics d'argile pour en éprouver le durcissement. Le temps d'apercevoir un serpentement gris, d'entendre un cri de mes porteurs, je ne vois plus rien. Il paraît que j'ai dérangé un serpent minute, prompt à donner la mort comme son nom l'indique. J'en éprouverai peut-être de l'émoi plus tard, mais aujourd'hui, auprès de ces montagnes-joujoux, je crois à un serpent pour rire.

BEYLA. — 13 *mars.*

Deux villages indigènes au milieu d'un cirque de montagnes peu élevées et entièrement dépourvues d'arbres et d'arbrisseaux.

— Toute cette étendue sera aussi verdoyante, dans un mois, qu'une Normandie, me dit l'administrateur.

Normandie sans vaches, ou presque, et dont l'herbe produirait un foin singulier. Elle est composée de roseaux fins mais qui s'allongent tant qu'ils cacheront des buffles l'hiver et flamberont l'été comme du pétrole. C'est à cette nature... d'herbes, si on peut dire, que tient sans doute la persistance du déboisement. Ouvrages d'hommes disparus, — personne ne peut me dire de quels hommes, — cette disparition totale des arbres dans une région si bien arrosée, si proche de la grande forêt, est un phénomène qui attriste comme une déchéance, une sénilité.

Artificiellement un petit parc a été créé pour orner l'esplanade où sont bâties, sur un coteau, les résidences des fonctionnaires blancs : administrateur, adjoint, trésorier, et les cases des services administratifs. Ce sont des bâtiments à un seul étage, longs, blanchis à la chaux, pourvus d'une véranda et couvert de paille.

Inévitables fleurs décoratives des jardins coloniaux : flamboyants, hibiscus, bougainvilléas, d'ailleurs importés. Fruits : beaucoup d'ananas et d'oranges.

Dans la campagne : du riz, du maïs, du fonio et, produit bien plus rare : d'excellentes pommes de terre.

Les trois Français sont mariés, ils se fréquentent étroitement et sont fort aimables ainsi que leurs femmes.

Vivre là, au-dessus des deux villages noirs, dans cette aire d'ombre, à trois ménages blancs, à six Blancs, à quoi cela peut-il bien correspondre?

A la vie de nos préfets? Non, car les préfets dînent chez leurs administrés. A la vie de châtelains? Non, car les châtelains vont à la messe avec leurs fermiers.

Les Blancs restent à l'ombre, les Noirs au soleil, ils ne se rencontrent que lorsqu'ils ont des réclamations à se faire, et c'est fini ; car ils ne se connaissent pas et ne veulent pas se connaître. Il vaut donc mieux se voir le moins possible, car c'est tout de même une situation humiliante, à la longue, que celle d'individus qui restent en présence, ne se connaissant pas, sans prendre une attitude. Quand deux animaux se rencontrent dans la forêt, ils prennent vite un parti. Ou bien ils se reconnaissent de la même famille et s'accueillent fraternellement, ou ils ne se reconnaissent pas et l'un des deux dévore l'autre.

Les Noirs devraient donc dévorer les Blancs à moins que ce ne soit l'inverse. A la vérité les Blancs dévorent bien les Noirs, mais à la dérobée, sans franchise, et c'est ce qui leur donne l'air si maussade. Ils ont l'air d'aigles enchaînés sur le toit d'une basse-cour.

14 *mars.*

Visité ce soir l'école ou plutôt le village des écoliers. Les enfants, venus de campagnes distantes pour s'instruire au chef-lieu de cercle, couchent ici, groupés dans des cases, loin de leur famille, et vivent du riz qu'elle a fourni.

L'institutrice française est malade. Je suis arrivée après le départ des maîtres indigènes. Je ne dérange pas les gardiens, je m'adresse à deux des plus grands élèves, garçons d'une douzaine d'années, aux yeux vifs, et les prie de remplacer les maîtres pour la présentation des écoliers. Ils ne sont pas du tout embarrassés. Ce rôle improvisé semble même leur plaire. Ils ont bientôt fait de rassembler les enfants et de les grouper dans la cour par classes. Et c'est très joli. On dirait les carrés de jeunes plants d'arbustes, d'âges divers, d'une pépinière. Le carré des plus petits plants est le plus vaste. Je n'ai jamais vu autant de tous petits élèves dans les écoles, chez les Malinké. Et je vois même des filles ; non seulement des mulâtresses, mais de vraies Noires et qui parlent déjà bien le français, à six ou sept ans.

Les Noirs, eux, songeraient-ils à connaître les Blancs?

DIANKORO. — 15 *mars*.

Premier village dans la direction de N'Zérécoré. Nous ne savons quel palais y choisir, mes nouveaux porteurs et moi. Partout de belles cases toutes neuves et désertes. Peu sont habitées. Un chef et des notables éplorés. Leur village est fini. Le village, c'était eux, les Malinké, de la race conquérante, aidés de leurs captifs toma ou guerzé, hommes de la forêt, anciennement pris à la guerre.

Les réclamations respectives des maîtres et des esclaves allaient au poste de Beyla. L'administrateur a fini par dire aux seconds : « Si vous n'êtes pas contents de vos maîtres, allez-vous-en ; les Français ne reconnaissent pas l'esclavage. » Ils ne le savaient pas encore très bien. Ils sont partis. Ils ont abandonné les jolies cases qu'ils venaient de faire et sont allés à la recherche de leurs familles. Les maîtres, restés seuls, se lamentent et maudissent les Français, mais ils me disent :

— Nos captifs ne peuvent pas vivre sans nous, ils vont revenir.

Cela n'est pas sûr. Voici quelle est la nature de leurs litiges avec les captifs d'après les séances du tribunal indigène, dit de subdivision.

Premier cas. Un individu vient réclamer sa femme soi-disant infidèle. Il a, dit-il, versé 600 francs de dot pour l'épouser, il y a vingt-cinq ans, et elle l'a abandonné depuis quelques semaines.

Renseignements pris, non seulement elle n'a jamais eu d'enfants de lui, mais elle n'a jamais partagé sa couche. Il s'agit d'une esclave achetée en effet 600 francs, mais qui, apprenant la libération générale, en a profité.

Deuxième cas. Un ancien captif libéré, Moriba, avait obtenu du chef de village, la promesse d'avoir sa fille Aoua, alors petite, en mariage. Il avait obtenu cette promesse un jour que le chef avait besoin d'argent pour acheter un cheval et caracoler. C'était en

1908. Il lui avait d'abord, devant témoins, donné 150 francs en guinzés (monnaie de fer), puis deux bœufs devant servir à l'achat du cheval ; plus tard encore il avait fourni une vache pleine et une génisse. Mais quand Moriba réclama la fille devenue pubère, il lui fut répondu : « Je suis un chef et tu n'es qu'un ancien captif, je ne te dois rien. »

A cette époque passait par le village une femme déjà mûre, captive nouvellement libérée qui s'en allait à Odienné (Côte d'Ivoire) pour y rechercher ses parents.

Le père d'Aoua lui offre une bonne hospitalité, la loge, la nourrit bien et la met en relations avec son créancier Moriba.

Le couple sympathise comme il l'espérait et finit par vivre dans une même case. Le rusé chef se réjouit déjà. Mais un beau jour la femme se souvient de sa famille, Moriba de sa fiancée, et ils veulent se quitter.

C'est alors que le chef ne veut pas laisser partir la femme, prétendant qu'elle est mariée avec Moriba.

Cela s'appelle vulgairement l'escroquerie au mariage avec substitution d'épouses, mais c'est un beau drame et les acteurs que j'ai vus avant-hier à l'audience étaient émouvants.

Le chef de village, grand, maigre, figure

longue, nez crochu, lèvres minces, rappelant un métis d'arabe, témoigne d'autant d'aisance dans la pratique de la tyrannie que dans la manière de draper son boubou de karamoko [1]. Moriba, timide, ne serait sans doute pas venu là sans sa maîtresse qui le défendait. C'est elle, cette ancienne captive guerzé aux traits marqués, aux seins las, qui est l'héroïne de l'histoire. Elle seule n'a pas peur du chef ; ses gestes droits et ses regards accusateurs le percent, comme ses paroles. Il veut qu'elle s'avoue épouse légitime de Moriba : elle nie, elle affirme au contraire avec véhémence l'illégitimité de son union, les droits de Moriba et leur liberté.

BOOLA. — 16 *mars*.

J'ai précipité mon départ de Beyla pour arriver ici le jeudi, jour du marché célèbre, le plus grand marché de kolas de l'Afrique Occidentale.

Nous dépassons tout le long du chemin des marchands et leurs troupeaux de bœufs, des caravanes d'ânes, d'interminables processions de femmes surtout, aux têtes surmontées de

1. Dignitaire musulman.

multiples étages de calebasses neuves et enfin des porteurs de guinzés, monnaie locale en fer indigène extrait dans la région d'où je viens, et grossièrement forgé en tiges courtes, de poids égal.

Tous ces produits seront échangés cette après-midi contre des kolas et de l'huile de palme fournis par les peuples de la forêt, lesquels ne peuvent élever de bœufs et sont avides de leur chair, sont privés de sel, ne cultivent pas les courges calebasses, savent transformer le fer des guinzés en outils de culture, mais n'exploitent pas les mines.

Boola est la ligne de partage des eaux, des mœurs et des territoires situés sur les versants nord et sud du système montagneux guinéen.

C'est un carrefour aussi accessible aux indigènes du Libéria, du Sierra Léone, qu'à ceux de la Guinée et du Soudan français. Les Toma sont les intermédiaires commerciaux des peuples de la forêt, les Dioula sont ceux des peuples de la brousse.

Il faut gravir une côte pour accéder au village, mais, à l'arrivée sur le plateau, le regard se trouve encore arrêté par de très proches et abruptes montagnes nues comme des marbres ; marbres veinés avec délicatesse de plus de rose ou de vert selon que la roche affleure ou que l'herbe, rare et pâle, la dissimule.

Entre le caravansérail rectangulaire, à plusieurs cloisons où l'on m'installe, et le village, s'étend la place du fameux marché. Place d'élection, vaste, absolument plane, ornée plutôt qu'ombragée, par quelques fromagers trop élancés par envie des sommets voisins. Elle est presque déserte quand nous arrivons à 10 heures ; mais c'est à ce moment que, dans les chemins environnants, s'enfle la crue des arrivants déversés depuis l'aube par tous les sentiers. A midi la place est totalement couverte et le garde cercle, qui perçoit le droit d'entrée d'un sou par personne, me dit que le nombre des participants sera d'environ trois mille. Les femmes sont de beaucoup les plus nombreuses et plus actives. Les hommes se pavanent lentement au pourtour du plateau, s'accostent ou s'assoient, amplifiés par leurs boubous bleus ou rayés blanc et bleu. Nues à l'exception du court pagne de coton blanc qui leur ceint les reins et y fixe souvent leur bébé, les femmes sont affairées tel un grand troupeau de servantes massé au centre par leurs élégants bergers.

Si je disais que j'ai bien vu en France de grands marchés comme celui-ci, je parlerais inexactement, car je peux dire que j'en ai vu souvent et de plus nombreux, mais je ne peux pas dire que je les ai bien vus ; je les ai toujours mal vus et bien entendus ; les hurlements des paysans et des animaux me mettaient en fuite. Je ne sais pourquoi je contemple ici la foule nègre tout à mon aise. Serait-elle silencieuse vraiment? Ou se voit-elle trop pour que je puisse l'entendre?

Quand je cligne des yeux, je vois un lac sombre aux berges claires et rayées ; quand je les ouvre, je vois sur ce lac de courtes vagues satinées qui charrient du ciel sur leurs crêtes et de l'ombre dans leurs sillons. Ces vagues à leur tour agitent des embarcations rondes, orangées, d'allure singulière : ce sont les calebasses errantes ou groupées au gré des remous que forment les têtes des marchandes que l'on ne distingue pas.

Boola n'est pas un chef-lieu de cercle, je n'y rencontre pas d'Européens, mais j'y reçois des visites de chefs, de notables, d'anciens tirailleurs et de trois fils de Samory, encore. J'en vois tant depuis mon arrivée en Guinée, de ces princes dépossédés qui viennent me rendre de faux hommages, que je suis tentée de douter de leur authenticité. Certes, ils se ressemblent, garçons ou filles : grands, distingués, mêmes traits, mêmes beaux yeux. On croirait plutôt qu'ils se collectionnent eux-mêmes dans la population malinké d'après leur physique. La vraisemblance de leur fraternité est trop criante. Je pense à une société de fils de Samory, de fils spirituels pratiquant son culte. Il ne leur manque plus qu'une bannière. Bannière ou insigne de « camelots » du Roi Noir.

On m'a offert du banghi, sève fermentée du ban, espèce de palmier-phénix indigène. C'est une boisson pétillante, assez semblable à du mauvais champagne, quand elle est fraîche ; mais elle s'accroît vite en alcool. Le soir, à l'exception de mes porteurs, de Ghibi, et de quelques dioulas musulmans, tous les gens que je rencontre sont plus ou moins ivres.

Il est déjà 10 heures et je suis depuis longtemps couchée, quand mes porteurs me font demander par mon boy. De quoi s'agit-il? d'une affaire grave? A cette heure-ci cela ressemble à une sédition. Je me rends parmi eux. C'est une plainte collective contre le chef de village qui leur a gravement manqué. Malgré vingt réclamations, il ne leur a donné qu'une natte pour douze porteurs. Ils sont scandalisés. Je pense les calmer en leur rappelant que le chef de village a été débordé par les exigences d'un jour de marché. Je ne fais que les irriter davantage.

— Comment tenir douze là-dessus? répètent-ils d'un ton véhément en désignant la natte.

Ils sont fatigués et ils n'ont pu se reposer encore. Ils sont tous debout. Moi, je regarde successivement cette vieille natte en paille tressée, d'un millimètre d'épaisseur ; puis la terre battue et bien balayée ; puis les hommes demi couverts de loques poussiéreuses, et je ne comprends pas très bien. Alors, douze hommes ne pouvant tenir sur cette natte, il n'est pas possible que six d'entre eux, par exemple, se couchent à côté sur la terre battue? Évidemment, pour moi, il n'existerait pas de différence entre ces deux sommiers : natte et terre battue ; mais il en existe une énorme pour eux, non d'élasticité, mais de luxe. Si pauvre que l'on soit ici, chacun a droit à une natte, comme en France, à un lit. La natte est une formule sacrée d'hospitalité. Priver de natte est une insulte qui indigne toute mon escorte. J'en suis atterrée autant qu'amusée, car dans le village, à cette heure-ci, tout ce qui n'est pas endormi est ivre : je n'en tirerai rien et il faut pourtant que ces malheureux dorment. Ghibi trouve une solution. Il leur donnera sa natte en prétendant qu'on en a mis deux dans sa case l'une sur l'autre par erreur. Un peu plus tard il prendra la mienne qui me sert de descente de lit.

Dans la journée, j'avais eu une aventure. Un homme, un Malinké étranger au village, m'avait regardée tandis que je faisais une aquarelle. Puis il s'était assis à quelques pas de moi et ne m'avait plus quittée de la soirée. A qui de nous deux pensait-il? A moi, ou à l'aquarelle? Il ne nous regardait plus ni l'une ni l'autre. Quand la foule se dispersa, des gamins tentèrent de m'aborder, mais je les en dissuadai d'un geste. Dans un tel lieu, autoriser un seul badaud, ce serait en attirer des centaines. Mais j'ai eu tort de faire ce geste à cause de mon gardien, de mon « ami », de mon dogue, plutôt. A peine a-t-il aperçu mon mouvement, que l'approche de gamins le rend furieux. Il les insulte. Il leur lance des pierres, s'ils tardent à fuir. Quelques-uns sont atteints et crient. Est-ce qu'il devient fou? J'appelle Ghibi pour qu'il le raisonne. Ghibi me dit : « Il y a des hommes comme cela ici ; s'ils pensent quelque chose, ils pensent rien que ça. Ils oublient tout. S'ils pensent trop à toi, comme celui-là, ils vont tout tuer pour toi si tu veux. »

17 *mars.*

En quittant Boola à l'aube, j'apprends avec joie que nous atteindrons la forêt ce matin. Depuis que j'ai fréquenté en France des tirailleurs toma et kissiens, depuis cinq ans je pense à elle et à son peuple. Cependant elle semblait jusqu'ici reculer toujours davantage devant moi, comme un mirage, et pendant ces dernières journées, plus que jamais. A la sortie de Kankan vers Kérouané, j'avais trouvé encore de la fraîcheur et de grands arbres. Ils se sont clairsemés, rabougris, jusqu'à la nudité horrible de Beyla, de cette Suisse sans sapins, ni vaches, jusqu'à Boola, cet escalier poli. Maintenant nous redescendons vers une vallée. Des systèmes montagneux, courant de l'est à l'ouest la barrent plusieurs fois, et comme nous faisons du sud, on dirait de bûches taquines, parallèles, posées en travers de notre course de fourmis.

Nous ne rencontrons encore que peu d'arbres, mais ce sont du moins de vrais arbres et non ce qu'on nomme ainsi dans la brousse, ces tristes lichens, ces pâles éponges que le ciel tour à tour gorge d'eau ou dessèche. Ici l'arbre sent l'arbre, l'haleine, l'aisselle d'arbre. C'est par lui et pour lui qu'absorbées et suées dans un rythme égal se meuvent ces vapeurs d'eau électrisées, bruines tièdes qui m'envahissent et chatouillent mes cils. Ici l'arbre est un être puissant, un animal. Tel un éléphant, on le surprend les pieds dans le marigot et, quand on passe, il vous vaporise de l'eau au visage. Voici des groupes de ces arbres qui s'élargissent, formant des troupeaux. Et puis c'est la forêt elle-même. Elle m'apparaît revêtant une belle montagne à triple sommet.

Je l'ai reconnue aussitôt. Ce n'est pas à sa ressemblance avec les descriptions que j'en ai lues que je la reconnais, mais à la nouveauté de ses apparences. Même de loin, elle diffère essentiellement de tout ce que j'ai vu jusqu'ici. Habituée que je suis à la banalité des paysages de brousse où je m'endormais, l'étrangeté de ses proportions me secoue, m'étonne, me surexcite comme l'irruption soudaine du merveilleux dans le familier. Je ne serais pas plus troublée en France, si, me promenant au bord de la Seine, Paris m'apparaissait tout à coup bâti, non de maisons, mais de cathédrales. La montagne qui est devant moi est entièrement plantée non pas d'arbres, mais de monuments de verdure qui ignorent les arbres tels qu'on les connaît.

Je fais demander aux porteurs par mon garde-cercle et interprète la direction, à vol d'oiseau, de N'Zérécoré. Elle coupe la crête attirante. Je leur nomme ensuite les étapes inscrites par l'administrateur. Ils m'en indiquent l'échelonnement vers l'est, sur des montagnes dénudées.

— C'est la meilleure route, disent-ils, que le commandant a indiquée, c'est la nouvelle et la moins dure, mais c'est la plus longue.

Je préférerais camper huit jours où je suis, plutôt que de perdre la vue de la forêt, et les porteurs préfèreraient crever dans l'effort de hisser leurs charges en d'âpres chemins plutôt que de ne pas bénéficier du raccourci que je leur offre. Nos passions coïncident donc et nous amènent bientôt au pied de la montagne de Kaviata.

Le seuil de la forêt est gardé par des papillons. Les plus grands sont bleu céruléum et noir et le revers de leurs ailes est ocellé de nacre ; les plus petits sont orangés. C'est au-dessus d'un ruisselet qu'ils vont et viennent activement, en vols pressés. On dirait qu'ils ne s'agitent que pour faire vibrer leurs couleurs, pour les changer en flamboiement, car ils ne se posent même pas. Sans doute absorbent-ils une émanation, imperceptible pour nos sens, qui leur communique cette effervescence extrême?

Tout de suite le sentier est devenu impraticable à mes hamacaires et je ne le regrette pas. Je suis ravie d'escalader moi-même les marches inégales formées par les grosses racines qui courent parmi les pierres ou se nouent luisantes et musclées, sur le sol humide, comme des serpents.

Et d'ailleurs, je ne suis nullement pressée. Ne suis-je pas arrivée? L'écran vert doré des feuillages m'a déjà invitée à quitter mon casque et à libérer mes regards dans le demi-jour nuancé. Mais c'est surtout moralement que je m'abandonne. La longue tension de toute ma volonté vers des arbres neufs, vers un peuple d'arbres échappé à la tyrannie des hommes et des feux de brousse, vers un peuple d'arbres qui se gouverne seul, cette volonté a enfin abouti et peut se détendre. A peine griffée par notre étroit sentier zigzagant, c'est bien la fleur de la forêt que je touche, aussi délicate que le velours des prunes. Je touche de tous mes sens la forêt avec sa fleur et elle se laisse toucher, admirer, aimer ; elle est aimable et familière et cela surprend de la part d'une belle vierge étrangère. J'en ai les mains un peu tremblantes et moites. Mais elle est toute souriante. Elle est telle que certains de ses habitants que j'ai vus en France : nullement sauvage. Les forêts voisines des plaines du sud sont, me dit-on, austères ; leurs dômes épais ne laissent ni filtrer les rayons du soleil, ni paraître les oiseaux : aucune vie. Beaucoup, on l'a assez dit, ressemblent à des temples antiques à colonnades. Celle que je vois ressemble bien si l'on veut à une haute nef gothique, mais trop haute, injurieuse au ciel de Dieu, d'un style trop flamboyant, si décadent que les piliers ondulent comme des femmes et des serpents, que les nervures de voûte vont nouer trop haut des lustres, que les vitraux laissent passer trop de diamants bleus par les rosaces noires des branches. Cela n'est pas du tout grave et religieux, et les orgues sont trop légères : des flûtes, des trilles d'oiseaux s'espacent dans de permanents trémolos d'insectes. La forêt de Kaviata n'enferme pas les Évangiles, c'est une église de Satan ; elle se convulse, elle danse. Les forêts de plaines ne dansent pas : elles s'étendent, immobiles comme des dogmes ; mais les forêts de montagnes se meuvent, s'émeuvent, et leurs ivresses disjoignent leurs voûtes. Que c'est joli une cathédrale qui danse le sabbat ! Les ornements des chapiteaux, de l'autel et de la chaire et les sujets des peintures se détachent et se déplacent, s'enroulent autour des piliers, s'envolent ou traînent; ce sont ces lianes vertes, noires ou fleuries que l'on voit partout, écharpes parfumées que mes mains saisissent.

Vraiment, si j'avais pu moi-même élever un temple à Dieu, à l'Inconnaissable, à l'Absurde, je l'aurais bien construit dans ce style-là, ni austère, ni menaçant, essentiellement cahotant et croulant, sans nulle apparence de solidité surtout ; élancé vers l'infini mais en jets de mousse.

Et ma proportion dans cet édifice correspond aussi à mon sentiment. Elle est symbolique de l'importance de ma personne et du rôle que j'ai ici. Le génie de la forêt de Kaviata qui m'a accueillie a beaucoup d'esprit. Il m'a donné pour toute escorte, une escorte de papillons. Guerriers trop petits? Mais non. Je regarde à quelques pas devant moi mes porteurs coiffés de mes malles et je les compare à leurs compagnons ailés. Sous le jaillissement colossal des verdures ils ne forment avec eux qu'une même légère troupe, car dans une même petitesse, on les confond.

Midi.

Nous avons surpris le village guerzé ; puisque nous devions prendre l'autre route, on ne nous attendait pas ici ; depuis longtemps on n'y attend plus de Français. Le caravansérail est donc laissé à l'abandon. Il pleut en plusieurs places de ma case, à l'heure de la tornade, à 2 heures, et j'ai de la peine à abriter mon lit. Je ne peux toutefois apercevoir les fissures de mon toit de paille, je ne peux même en apercevoir l'armature en nervures de ban. Le ciel de mon lit et de toute ma case est bien ténébreux ; ce sont d'amples toiles d'araignées qui le drapent dans tous les sens, à l'italienne. Mais pourquoi sont-elles si noires? C'est un peu funèbre. Cette case a dû servir de cuisine ; je ne le demande pas au chef de village, il serait capable de faire convoquer, du bout d'une branche, les araignées intéressées pour qu'elles s'expliquent, et je préfère qu'elles dorment.

Après la pluie je vais me promener toute seule dans le village assombri déjà par le crépuscule et silencieux. Personne ne fuit à ma vue, mais personne non plus ne me fête. J'ai déjà remarqué plusieurs fois au cours de mon voyage que, lorsqu'une population n'était pas invitée à l'avance à se réjouir de ma venue, elle y renonçait facilement. L'enthousiasme, sinon la crainte, ne semble pas un produit nègre spontané au contact du blanc. C'est un produit normal de culture. La semence doit en être apportée par un courrier essoufflé ; le chef la répand, le voyageur la récolte. En vingt-quatre heures, une magnifique gerbe d'enthousiasme peut mûrir ici. Aujourd'hui, pourquoi ces gens s'enthousiasmeraient-ils? À tout hommage, il faut une adresse. Or on ne leur a pas dit à quel personnage civil ou militaire, masculin, féminin ou neutre ils ont affaire. Avec une profonde sagesse, ils se tiennent coi. Les Guerzé s'abstiennent d'agitation par sagesse, comme les Malinké, de Kankan à Boola, s'abstenaient par lassitude. Le garde-cercle m'assure qu'aucune femme française n'est encore passée ici, mais, faute d'être désignée comme objet de curiosité, les gens ne me trouvent pas plus singulière que le lieutenant du poste. Ils se contentent de me regarder à mon passage. Plus craintives, les femmes, occupées à filer sous l'étroite véranda circulaire de leur case, lèvent à peine les yeux vers moi ; les hommes, plus instruits, me saluent tous militairement, c'est-à-dire qu'ils dressent dans la région de leur oreille droite une patte aux doigts écartés et raidis par une vague inquiétude.

Ma monnaie de circulation est le sourire, car je ne connais même pas un mot de langue guerzé. Je souris en désignant une chaise de chef dont le siège en bois poli massif, constellé de clous de cuivre, n'est élevé que de dix centimètres au-dessus du sol. On me la donne à examiner. Avec le même sourire j'indique l'ouverture d'une case où l'on m'invite à entrer ; elle serait nue, sans la natte traditionnelle, et elle est propre. Je tends les bras à une enfant de deux ou trois ans qu'on me laisse prendre, mais qui, elle, ne veut pas se laisser prendre. Elle se met à crier à l'approche de mon visage comme si elle voyait le diable, car ici les diables sont blancs. Je ris et la mère rit aussi avec les autres femmes. Je montre une pièce de cinq sous à l'enfant ; elle l'empoigne, son visage redevient lisse et ses larmes hésitent au bord des cils. C'est une scène bien banale de chez nous.

J'observe que les objets usuels sont ici très délicats et légers, ce qui fait contraste avec leurs auteurs. Les Guerzé ont généralement des formes lourdes : gros mollets, grosses croupes, grosses têtes, d'ailleurs joviales. Ceux qui sont jeunes ou pauvres sont nus à l'exception d'un cache-sexe fait d'une étroite bande de coton rayé. Les notables portent le boubou traditionnel, lequel, ici, paraît toujours plus drapé qu'ailleurs par suite de l'effet des rayures verticales de l'étoffe : blanc sur bleu foncé ou bleu sur blanc. Les femmes, comme toutes les Africaines noires des campagnes, ne portent que le pagne blanc et court qui les couvre des hanches aux genoux. Je remarque celles qui reviennent du marigot : leur tête est chargée d'une grande jarre noire très pansue, ceinturée d'un dessin de damier aux compartiments larges. Une argile blanche coulée dans les sillons de cette gravure en fait jouer le dessin. C'est d'un art grave et luxueux et les femmes elles-mêmes sont graves et luxueuses quand elles les portent. Auprès de leurs maris vêtus d'étoffes rayées et drapées, elles étonnent. Elles ne semblent pas être des animaux de la même espèce ou des bibelots de la même époque. La femme est restée égyptienne, l'homme est médiéval. Ici, comme ailleurs, ils n'ont pas marché la main dans la main.

18 *et* 19 *mars.*

Dans tous les nouveaux villages guerzé on me fête depuis que l'administration a retrouvé ma trace. La plupart des chefs de province et de village sont absents cependant ainsi que leur suite, car ils ont dû emmener la jeunesse virile au conseil de révision qui siège au chef-lieu de cercle, celui, militaire encore, de N'Zérécoré. Mais ils ont chargé de m'accueillir et de les excuser, des personnes de leur famille, fils ou frères. Ceux-ci viennent au-devant de moi à plusieurs kilomètres de leur village avec les musiciens et les vieilles danseuses, pour me souhaiter la bienvenue.

Les musiciens jouent du tam-tam, de la guitare, de la corne de koba, instrument à vent, et les vieilles femmes se servent de petits instruments en fer et de sonnailles, comme ici de triangles et de castagnettes, et elles dansent en chantant.

On se fait à tout. Je me fais à l'étrange privilège de voir s'évertuer aux côtés de mon hamac des danseuses sexagénaires dont aucun détail de déchéance physique ne peut m'échapper, car elles ne portent qu'un minimum de pagne, enroulé autour du bassin. Je peux contempler à loisir sur leur face, leur thorax, leur ventre, la peau, maintenant ballante, qui contint des joues, des muscles, des seins, qui dissimula des enfants.

C'est une des inventions des sociétés nègres qui surprennent le plus, cette utilisation des vieilles femmes, c'est-à-dire de la laideur, pour figurer la gaîté et la tendresse des accueils. Ici, plus qu'ailleurs encore en pays nègre, règne le culte des ancêtres : c'est beau d'être vieux. Il suffit qu'une femme soit vieille pour qu'elle soit toute désignée pour figurer la joie et l'amour. En pays malinké on voit danser de jeunes griottes [1] : ici, rien que des vieilles. Les jeunes filles qui sont là envient peut-être les peaux de leurs mères qui sont un témoignage de leurs victoires sociales : le travail et l'enfantement. Plus elles sont fripées et plus elles sont glorieuses, comme les drapeaux. Les braves Guerzé ont envoyé à ma rencontre la fleur de la vieillesse, ce qu'ils ont de plus beau. Ils ne sauraient offrir de mieux que leurs morts, et, s'ils pouvaient, ils m'accueilleraient par une danse de squelettes dont ils seraient fiers et je devrais m'en trouver très aise et infiniment honorée.

1. Femmes de griots, histrions indigènes.

D'anciens tirailleurs sont venus me saluer. Ils sont de retour de France et libérés depuis 1919. Je leur pose à chacun les questions d'usage :

— Tu es content d'avoir retrouvé ta famille? Combien as-tu de femmes? Combien d'enfants? As-tu récolté beaucoup de riz?

Ils font tous la même réponse, ou presque tous :

— Je suis content pour travailler lougan de mon père (ou de mon grand-père) mais pas encore gagné petits, pas encore marié. Mon père il m'a pas donné la femme encore; peut-être il va acheter cette année ou l'année prochaine. Mais pour ça c'est pas le garçon qui peut demander à son père,c'est le père qui doit donner, quand il est content pour donner.

20 *mars.*

A Gouecké une population plus dense et plus chaude que dans les précédents villages m'escorte et m'acclame ; c'est un ancien poste militaire. Il y a peu d'années il fut témoin d'actions sanglantes entre Noirs et Blancs. C'est sans doute pour cela que la joie de me recevoir y est plus démonstrative qu'ailleurs. Ces échappés aux récents massacres,convertis maintenant à la dévotion des Blancs, ont une ardeur de néophites. Il ne s'agit pas en effet de vaincus heureux d'être soumis à la domination de vainqueurs, ce serait leur faire injure ; il est honteux, pour tous les hommes, de se soumettre. Quand des hommes noirs sont vaincus par d'autres hommes noirs, ils les haïssent. Les Soussou haïssent les Peulh, les Kissiens et les Toma haïssent les Malinké. Mais quand les hommes noirs sont vaincus par des hommes blancs, ils le sont par une couleur, par une abstraction, et c'est un phénomène divin qu'il est raisonnable d'adorer, du moins pendant un certain temps.

Arrivée dans le village, je me trouve soudain au centre d'un cirque de foule aux parois épaisses ; il n'est rien resté dans les cases, ni un vieillard, ni un enfant. De la plus petite taille à la plus grande, des êtres de tous les âges forment d'insensibles gradins qui sont des têtes noires superposées.

Autour de moi sautillent toutes celles des aïeules qui ont encore des tendons solides fixés à leurs os. Comme j'ai pris conscience de la beauté du rôle que m'assigne ici ma couleur de peau, je reste paisiblement immobile, offerte à la dévotion générale. Je n'ai pas à parler, je n'ai pas à sourire, je n'ai pas à pen ser, je n'ai qu'à être blanche, comme le soleil à briller. Un vainqueur paraît toujours magnanime quand il ne frappe pas, même s'il sommeille.

Je m'éveille pourtant à regarder mon peuple. C'est un peuple d'art, épris de symétrie, d'équilibre, qui semble lui-même en bois nuancé et poli comme ses œuvres sculpturales. Les coiffures de femmes, tressées et élevées en casques au triple cimier, les tatouages géométriques, les quelques raies bleues ou blanches qui ornent les fronts ou les pommettes de quelques personnes, rappellent leurs relations intimes avec les fétiches que nous connaissons. On m'apprend que les individus qui ont le corps décoré d'argile blanche viennent de participer à la fête des serpents sacrés. Ils leur ont offert comme à moi des poulets blancs. Le devoir de politesse de tous les serpents et gouvernants sacrés est d'accepter les poulets offerts, car cela est de bon augure pour le village et j'ai rempli ce simple devoir. Mais on m'offre en outre une chèvre et un mouton et cela m'encombre et me ruine, car, pourvue de deux mains aptes à rendre les cadeaux autant qu'à les prendre, je ne peux tout de même pas me comporter absolument comme les serpents.

Dans l'après-midi, le capitaine commandant le cercle de N'Zérécoré m'a fait enlever, ainsi que mes bagages, par des hamacaires et des porteurs neufs. Les miens qui ont fait ce matin vingt-cinq kilomètres en feront bien autant, de chemin, déchargés, ce soir, car l'essentiel pour eux est d'atteindre au plus vite le poste et de s'en retourner chez eux, à Beyla. Ils y retourneraient même dès à présent sans être payés si on leur en laissait le choix ; le prix d'un franc par jour, tarif général des colonies pour le portage, masque mal la prestation.

J'ai trouvé le capitaine, sa femme, son lieutenant, ses sous-officiers, ses interprètes, ses chefs de province et leur armée de jeunes garçons dans un village où s'est faite leur concentration, en vue des journées du recrutement. Le docteur est déjà arrivé de Macenta à N'Zérécoré et nous le rejoindrons ce soir. Les hamacs des dames sont placés en tête de l'armée, ou du moins le capitaine le commande ainsi, mais il n'en est rien. En éclaireurs ou en hérauts, un grand nombre d'hommes nous précède. Nous flottons en réalité dans nos nacelles suspendues, sur une mer de coureurs noirs. Quelle mer agitée et bruyante ! Cris d'acclamation, cris d'excitation, mouvements de corps demi-nus, de boubous amples unis ou rayés, de lances et autres attributs des chefs, car tout le monde est forcé de courir entraîné par les hamacaires qui se relaient sans cesse. C'est une belle tempête que je vois, où se heurtent des formes et des couleurs puissantes, mais qui, ô prodige ! n'agite pas du tout nos hamacs. Les Guerzé savent l'art de porter que les Malinké ignorent. Si ce n'était le bruit des voix et l'éclat du spectacle, je pourrais dormir.

Du 20 *mars au* 2 *avril.*

N'Zérécoré est sur un plateau. Pas de vue : une clairière artificielle, une longue fosse de lumière creusée dans la forêt épaisse et noire. Au centre, soigneusement aplani, un rectangle vert s'orne des rubans roses capricieux que font sur l'herbe courte les sentiers fréquentés. A l'est du rectangle, sur une éminence, le village indigène. A l'ouest le camp de tirailleurs. Sur l'un des deux longs côtés du rectangle, bien alignées, les cases carrées des services administratifs et leurs jardins fleuris. Seul, faisant face, le potager français arrosé par un cours d'eau.

Le territoire de N'Zérécoré s'enfonce comme une encoche entre les forêts vierges de la Côte d'Ivoire et du Libéria, mais son chef-lieu ressemble beaucoup à la roseraie du parc de Bagatelle, au Bois de Boulogne. Toutefois j'y remarque le changement de quelques pièces de végétation, notamment des roses, remplacées par des fleurs plus rares.

Le jour où je suis arrivée étant celui du recrutement, le rectangle vert était planté des haies mobiles, blanches, jaunes, bleues, noires, des nouveaux groupes d'arrivants. Et aussi des vastes massifs de chefs et de notables attentifs à épanouir, assis, les plis de leurs amples boubous de luxe.

Trois jours après, à la clôture des opérations, le décor s'accrut d'une gerbe d'Européens en toile blanche, occupés au lancement d'une montgolfière jaune, orange et lilas. Lorsque le ballon s'éleva, attirant vers le ciel toutes les faces des spectateurs indigènes, on eût dit de plates-bandes d'anémones aux mille cœurs noirs.

Les jours suivants un nouveau décor remplace les autres, plus prestigieux encore. C'est le tam-tam indigène de la région où dansent de jeunes garçons de douze à quinze ans et des nioumous ou sorciers échassiers.

Les petits danseurs au nombre de cinq ou six évoluent entre les échasses des nioumous ou autour d'eux. Ils sont nus à l'exception d'une épaisse et courte jupe de fines fibres rouges de bambou les couvrant jusqu'à mi-cuisse, de bretelles en cuir violet ornées de clochettes, de bracelets de coude et de jarret brodés de grelots, et de deux longues plumes d'aigle fixées dans le cimier des cheveux tressés et savamment courbées en arrière comme des antennes. Leurs visages sont fardés de brun rouge autour des yeux et zébrés de deux traits blancs sur les pommettes. Une étroite et longue écharpe indigo leur sert à appuyer et à préciser les différents angles que font leurs bras avec leur corps. Mais rarement s'écartent leurs pieds, sinon d'avant en arrière, rarement ils s'élèvent pour des bonds ; presque toujours ils frappent le sol de très près, des pointes et du talon et des bords de la plante. Les pieds semblent s'occuper au jeu de tam-tam, non à la danse. Le danseur nègre est tel qu'un arbre qui plonge aux sources du rythme ses racines et livre ses branches au vent de la danse. Les reins des frêles garçons se creusent, leurs jupes se gonflent, leur bras s'abattent ou s'étendent, leur tête s'incline jusqu'au thorax ou se renverse dans leur dos, la double plume de leur coiffure effleurant alors leur croupe, mais toujours leurs pieds rattachés au sol, leur clavier, les empêchent de s'envoler.

Les nioumous échassiers sont des danseurs géants d'une folle élégance ; ils mesurent près de trois fois la taille d'un homme, de la pointe de leurs échasses à l'extrémité de leurs hauts bonnets emplumés. Lorsque Ghibi les a aperçus il m'a dit avec effroi : « De quel pays qu'ils viennent les hommes faits comme ces grands-là ? » Il a été bien rassuré d'apprendre qu'ils étaient des hommes faits comme lui, mais dissimulés dans une architecture. Autrefois, d'après les dires de l'interprète, les habitants des villages croyaient aussi que ces êtres étranges étaient d'essence surnaturelle. Féticheurs affiliés à des sociétés secrètes, ils terrorisaient autant par leurs apparences que par les actes dont on les supposait auteurs. Déchus maintenant, ils viennent danser les jours de fête devant la case de l'administrateur français, comme des griots.

Ils dansent à l'aise sur l'esplanade, mais les spectateurs ne peuvent pas former autour d'eux le cercle qui enferme ailleurs les banals tam-tams. Il faut de l'espace aux fantaisistes évolutions de ces obélisques humains. La foule dont je fais partie borne leurs ébats d'un côté, arrondie en croissant de lune, et les danseurs s'essaiment devant nous en constellations. L'orchestre est auprès de moi. Pas de balafon ici ; des mandolines au ventre énorme, orangé et poli, au long manche, des violes étroites, des cornes de koba, des triangles et castagnettes indigènes, des tam-tams quadruples.

J'ai conscience, certes, à l'audition des ensembles, d'une science et d'une complexité de rythmes peut-être plus grandes qu'en d'autres pays, même nègres, mais je ne saurais rien noter, faute d'éducation spéciale. Il me faut donc passivement me laisser pétrir par les assauts des sons, tandis que j'observe leurs effets sur les artistes.

Les nioumous sont des acrobates merveilleux. Sans appui, sans balancier, ils écartent les extrémités de leurs échasses, les rapprochent ou les croisent. Parfois, ils plongent du buste en avant de telle sorte que l'extrémité de leur long bonnet menace la foule qui crie ; puis, brusquement, ils se renversent en arrière. D'autres fois ils vont, déhanchés et sautillants faisant mousser leur jupe de fibres ou courent à travers les rangs de figurants nus, étendus sur le sol. Enfin, ils se laissent tomber par terre pliés en deux à hauteur des genoux leur face en velours noir tournée vers le ciel : c'est la mort du nioumou. Et il y a sa résurrection : il se traîne un peu, et savamment se hisse, se redresse et s'enfuit à grands écarts d'échasses.

En somme les phases de leur pantomime sont celles que nous utilisons : l'offrande des formes, coquette, puis frénétique jusqu'à la chute, à la mort, ou à la fuite ; et ils usent des mêmes moyens de séduction que nos ballerines puisqu'ils font des « pointes » exaspérément et que leurs jupes de fibres rouges s'envolent aussi autour d'eux comme du tulle. Mais ils dansent sans pieds, sans mains, sans visage, sans aucune des apparences du corps humain, et c'est ce qui les distingue de nos étoiles.

Leur visage est caché par un loup en résille noire qui moule leur front et qui s'orne de de deux mignonnes boules : la bouche, le nez, et d'un flot de longs rubans : la barbiche.

Un hennin démesuré, rouge et bleu, clouté d'argent, hérissé d'aigrettes, frangé, en ruche, de petits coquillages blancs, surmonte ce masque noir impassible. Une étoffe rayée bleu et noir couvre le buste et se déploie latéralement en ailerons larges où s'annule la forme des bras et des mains. La même étoffe, bien tendue de l'extrémité de l'échasse à la jupe, dissimule bien la présence de jambes. Quand les nioumous simulent la colère, en brandissant l'insigne de la puissance, le sceptre indigène à franges rouges, ce sceptre s'agite au bout des ailerons, faute de mains visibles, comme s'il y était épinglé.

Ainsi, à l'inverse des danseurs grecs dont

les draperies même glorifiaient les formes du corps humain en les soulignant, ceux de N'Zérécoré ne cherchent qu'à les supprimer. Loin d'avoir la religion du nu, ils ont la passion esthétique de l'artificiel ; ils sont exactement dans l'expression du mouvement, ce que sont les fétiches dans la plastique sculpturale : une évocation de l'homme, profonde, mais ornementale ; une création et non pas une imitation de formes naturelles plus ou moins heureusement choisies.

Je pense à ce que j'ai lu dans différents récits de voyageurs à propos de danses africaines où des nègres gesticulent et se contorsionnent. De tels mots prêtent à confusion. Ils m'avaient suggéré un déchaînement de vie animale et j'aurais bien voulu voir cela. Or, c'est le contraire que je trouve. Tout, chez les nègres n'est qu'artifice et discipline, et plus j'avance dans la forêt, plus leurs modes de se mouvoir se révèlent réfléchis.

Les Noirs ont le dégoût de la liberté, que d'ailleurs ils ignorent. Ils enferment dans des formules chorégraphiques d'un art fermé, même l'amour et la souffrance. L'obscénité elle-même n'appartient pas aux individus, elle devient un sacrement, une image de piété. Les femmes ici ont leurs tam-tams ; les hommes, les leurs, ainsi que leurs sociétés secrètes respectives et qui doivent s'ignorer. Certes la vie triomphe, mais c'est très difficilement. L'art a horreur de la réalité et c'est pourquoi les danseurs que je vois ne sont même plus des hommes, ni des femmes. Ces féticheurs ont effacé les formes de leur corps et ils ont pris une voix lointaine de jeunes garçons. Les petits danseurs juponnés déploient les mêmes grâces que les petites danseuses des pays malinké. Des sens communs et nouveaux leur sont nés par la puissance de la musique, des sens artificiels d'androgyne.

Je songe, devant ces êtres, à ce que disait un peintre de mes amis, Henri Matisse, devant le pied d'un personnage de Michel-Ange : « C'est tout de même par trop un pied ! » Je songe à ce que disaient deux jeunes noirs africains que je rendis spectateurs ennuyés de danses d'Isadora Duncan et de son école : « Des femmes qui sautent, des femmes qui volent, ce n'est pas ça qui est danser. »

Il ne pleut guère depuis que je suis à N'Zérécoré mais il y a des journées chaudes et claires relativement, et des journées fraîches avec assez de brumes rampantes, le matin, pour effacer les troncs des palmiers et ne laisser apparaître que leurs bouquets de feuilles bleues dans un ciel blanc. Pour la première fois depuis que je suis en Afrique, je cherche ici, malgré moi, malgré la raison, l'emplacement de ma demeure possible. J'en ai parlé au capitaine et à sa femme qui sont très accueillants et simples et nous étudions ensemble des expositions. J'en ai parlé aussi à Ghibi, car il vaut que je l'interroge. Il est un étranger ici, comme moi, à près de mille kilomètres de son village, hors de sa langue et de ses coutumes, et il doit avoir des impressions qu'il est intéressant de confronter avec les miennes. Je lui fais donc connaître mes enthousiasmes et mes rêves ; mais il ne les partage pas. Il n'apprécie ni l'administration militaire, ni la fête du recrutement, ni la vie au poste, ni la forêt, ni la population guerzé et ses tam-tams : rien, si ce n'est l'humidité favorable à la culture. Ghibi n'a même pas pardonné au capitaine, depuis huit jours, l'étape de cinquante kilomètres qui nous porta par Gouecké jusqu'ici et qui comportait cependant un si beau déploiement de luxe indigène.

— Marche forcée comme celle-là, fait-il en secouant la tête, c'est le plaisir des capitaines. L'officier il ne peut pas regarder un homme marcher comme un homme ; même tu vas rester là pour vivre comme un homme, il a mal au cœur, il ne peut regarder rien que soldats. C'est pour ça, moi, j'ai laissé ma barbe autour de la figure ; ici je ne me rase plus et je tire bien pour faire un peu vieux ; le capitaine il ne voit pas les vieux, mais jeune il me prendrait encore pour le service.

— Même après ta campagne du Maroc, la guerre en France et ta libération ?

— Il dit bien qu'il prend pas. Mais si je suis trop joli soldat, peut-être il ne pourra pas tenir sans me prendre.

— Les garçons que nous avons vus ici l'autre jour au conseil de révision n'avaient pas aussi peur que toi du service.

— C'est parce que les militaires qui connaissent très bien les Noirs, ils ont fait une jolie fête pour ce jour-là. Tu n'as pas vu pourquoi les garçons que Monsieur Major a choisis étaient si contents ? Le capitaine les a fait passer tous devant tout le monde avec une jolie couverture dessous le bras et la chéchia neuve sur la tête ; alors, les autres garçons que le médecin n'a pas trouvés bons, étaient trop chagrins de rester tout nus. Les Noirs ils aiment rien que l'habillement.

— Alors tu préfères l'administration civile de Sikasso?

— C'est vrai que les commandants civils ne pensent pas aux soldats, mais ils pensent aux prisonniers. Prisonniers, c'est bon pour l'administrateur qui fait cultiver son jardin, comme en France. Mais prison c'est plus mauvais encore que service pour l'indigène. C'est pour ça, moi, je n'ai pas réclamé pour ma prime de démobilisation parce que j'ai pensé : peut-être si j'entre dans les bureaux, on trouvera quelque chose à dire pour me garder prisonnier. C'est mieux rester dans mon village, parce que celui comme moi qui ne sait rien, si quelqu'un Blanc le voit, il est pris. Si c'était pas pour venir avec toi, jamais j'aurais quitté de chez moi. Ici, les Noirs aussi sont mauvais, ils mangent les hommes. Celui de mon pays qui vient ici tout seul, les Manon, les Guerzé le mangent. Les hommes d'ici, ils ne peuvent pas voir vivant l'étranger. »

Le Manon ne peut pas voir vivant l'étranger, l'administrateur ne peut pas voir libre l'indigène, le capitaine ne peut pas voir le civil ! Décidément Ghibi, en tous lieux, comme les gazelles, a la sensation aussi nette que désagréable d'être une proie.

Le cas des Manon et Guerzé m'intéresse

entre ceux de tant de lions et je m'en informe auprès du capitaine. Il m'avoue cinq anthropophages Manon dans ses prisons. L'un d'eux, quoique astreint aux corvées n'est pas gardé; je le vois auprès de ma case, libre d'aller et venir à cause de son âge avancé et de l'ancienneté de sa condamnation. Il a l'air d'un brave homme et il en est un, vraisemblablement. Il paraît qu'il a fait tuer un de ses fils afin de l'offrir à des hôtes pour leur repas, faute d'autre viande que sa pauvreté ne lui permettait pas d'acheter. Au tribunal on me communique les faits sur l'air connu : « Hein ! quelles brutes ! » Mais j'ai l'opinion opposée, car j'estime que cet homme a des usages raffinés. En Europe, les gens les plus riches et les plus distingués immolent aussi leurs fils, mais à la patrie gardienne de leurs intérêts ; tandis que le Manon était pauvre. Il est donc, lui, un pur Abraham du dieu des bons usages, un saint social.

Des quatre autres anthropophages, trois auraient fait partie de ces sociétés secrètes dont les membres sont obligés de fournir à un festin rituel l'un de leurs proches ; le cinquième aurait tué et mangé un orphelin.

Des renseignements déjà recueillis auprès de blancs et d'indigènes et des nouveaux que je prends ici, il résulterait, s'ils sont exacts, qu'il existe ces divers cas d'anthropophagie :

1° Par mysticisme. Des individus font partie d'une secte fétichiste, d'une société secrète où l'on communie dans la chair et le sang d'une victime humaine plus agréable à un dieu, ou plus propres à cimenter un pacte indissolublement.

2° Par patriotisme et solidarité familiale. L'étranger et l'orphelin errant sont abattus et dévorés ou utilisés comme esclaves et sacrifiés en de solennelles occasions.

En dépit de cette apparente complexité la question de l'anthropophagie s'élucide quand on observe que les Manon et Guerzé ont une société admirablement policée et un art parfait. Depuis que je voyage en Afrique Occidentale je n'avais encore jamais vu des chefs aussi bien obéis, des pères aussi respectés, des tabous, des rites aussi bien observés et suivis. Aucun homme n'y offrira volontairement sa main-d'œuvre même très bien rémunérée, car ce serait méconnaître le droit de son chef de disposer de lui ; aucun garçon, je l'ai déjà dit à propos des anciens tirailleurs, ne réclamera à son père l'épouse due en récompense de son travail, car ce serait manquer d'égards à la vieillesse ; nul n'oserait changer de village de peur d'outrager les morts. En Basse-Guinée, on rencontre des Malinké et des Toma partout, mais on ne rencontre de Guerzé nulle part hors de leur forêt. Ce sont des trappistes. Leurs jambes ne leur servent plus à marcher, ni leur cerveau à penser ; ils ne servent qu'à accomplir des tâches sociales définies, à exécuter un art de vivre d'une harmonie parfaite.

On comprend que dans une société aussi belle que celle-là, les sentiments naturels soient le dernier des soucis. L'art et la société vivent de sacrifice. Qu'est-ce pour des civilisés dignes de ce nom que la pensée, le cœur, la chair, la vie d'un être comparés à la sainteté d'une institution? Ils n'ont donc à distinguer des hommes que leurs apparences sociales, admises ou proscrites. Chercher des frères sous les dernières? Pourquoi faire? Il faudrait être encore muni d'un odorat de bête, comme certains d'entre nous qui, par exemple, trouvent un être humain sous un costume d'Allemand. Les Manon ont franchi cela, ils ont dépassé l'instinct ainsi que tous les peuples les plus artistes de l'Afrique : les Baoulé, les indigènes de la Haute-Sassandra, les Pahouin, les Yakoma, tous anthropophages. L'art collectif, la vertu et l'anthropophagie vont de pair ; chez eux, plus complètement que chez nous encore, les étrangers, les orphelins et tous les parias sont des aliments classiques.

Vais-je alors féliciter les cinq prisonniers du capitaine? Non, car ce ne sont pas forcément les saints dont je parle, et il est même à présumer que ceux-là n'ont mangé personne.

Des gens bien élevés, comme on les voit ici, ne pouvant contrarier ni les ancêtres, ni l'autorité civile et religieuse, il s'ensuit qu'on peut leur faire dire ce qu'on veut. Il ne s'agit que de les mettre dans un cas où il y va de la politesse de dire qu'ils ont mangé quelqu'un et ils s'exécutent, aussi noblement que des samouraïs, quoique autrement. Les témoins prouvent généralement autant d'honneur et de tact que les inculpés. La vérité en elle-même n'a pas d'intérêt. Un individu n'a pas le droit de s'en servir pour défendre sa vie, qui est sans valeur ; il a au contraire le devoir de se soumettre à la respectable puissance de l'accusateur qui l'a désigné aux juges. Supposons que les braves prisonniers mes voisins aient, dans le temps, cessé de plaire au féticheur de leur village ; s'il les accuse, ils comprennent bien qu'ils sont définitivement indésirables et que dans ce cas, le mieux à faire, le plus correct, est de disparaître à son gré.

Quant aux juges du tribunal indigène de subdivision, le président et ses assesseurs, voici ce que Ghibi m'en dit :

— Le juge indigène, il ne regarde rien que l'argent. Comme il reste au chef-lieu, avec l'Européen, loin de son village, il se fout de la vérité. Si tu lui montres la main droite ouverte, il regarde en face de toi l'homme qui parle contre toi. Si celui-là lui montre la main et le pied, il te regarde encore. Alors si tu lui montres les deux mains et un pied, il regarde si l'autre va lui montrer les deux mains et les deux pieds. S'il montre, c'est lui qui gagne.

— Qu'est-ce que tu veux dire ?

— Eh ! tu comprends pas? Si tu donnes cinq francs avec les cinq doigts de ta main, il regarde si l'autre lui donne dix ; et si tu donnes quinze, il regarde si l'autre donne vingt et toujours comme ça. L'indigène qui va en justice, s'il est pauvre, lui est foutu !

— Mais à l'autre tribunal où il peut en appeler, au tribunal de cercle, l'administrateur ne touche pas d'argent !

— Non, mais l'interprète touche, l'interprète est plus grand voleur que tous les voleurs.

La veille de notre départ, Ghibi est joyeux et je suis triste. Il ne m'a point persuadée. Et cependant je suis sûre qu'il a raison et que je suis ici témoin des pires choses ; mais il ne m'a pas persuadée de m'ennuyer à N'Zérécoré. Qu'est-ce qui m'y attache donc au point que je m'en arrache plutôt que je ne pars? Tout ce que j'ai haï toute ma vie s'y trouve.

J'ai haï l'autorité et le taboutisme, or ils sont ici déchaînés. La vue permanente de ces tirailleurs, de ces prisonniers, de ces féticheurs, de ces femmes asservies, de ces hommes dociles suivant leur chef comme un troupeau, devrait m'être insupportable ; je sais que je devrais m'affliger comme Ghibi, et je ne le puis. Je suis très heureuse du spectacle que j'ai sous les yeux. Que tous ces êtres sont des esclaves, ma raison le sait. Mon œil l'ignore, car ils ont l'air de rois ; ils sont magnifiques.

Les plaindre? comment le pourrais-je, puisque j'ai envie de m'agenouiller devant eux ou plutôt devant la lumière qui les couronne, malicieuse, au mépris de nos distinctions sociales? C'est la plus fine lumière que j'aie encore vue. Moins riche que celle de Conakry, qui crée tant de demi-teintes, mais plus chaude et plus légère, elle a le don de métamorphoser en fleurs rouges, de tous les rouges, tout ce qu'elle touche, et en fleurs bleues, de tous les bleus, tout ce qu'elle ne touche pas. Je reconnais une fois de plus qu'il n'y a rien à faire contre la beauté ; les mots, les idées sont impuissants contre l'amour qu'elle inspire. Ghibi n'est pas peintre, car il a conservé ici toutes ses notions de justice. Là où il distingue un prisonnier porteur d'eau, un servant de chef ou son esclave, un tirailleur, un adjudant, un capitaine, moi je ne vois que des ornements de quelque parc de Bagatelle ; et pour quelle fête du ciel ou du roi, illuminé si prestigieusement?

2 avril.

Les porteurs et hamacaires guerzé ne sont pas couverts de loques comme ceux du Soudan et de Kankan ; ils sont nus ou vêtus de boubous en bon état. Quant à leur humeur elle n'est pas appréciable, tant elle est discrète. Ils me portent comme une rivière tranquille emporte une barque.

Niampara.

Première étape sur cette route vers Macenta qui, à mon grand ravissement, ne doit pas quitter la forêt. Le village est situé dans un creux et entouré immédiatement par des frondaisons compactes. Ainsi que dans tous les autres villages guerzés, le sol est très soigneusement désherbé et battu, et cette nudité du sol, apparentée à celle des murs des cases, fait de l'ensemble un objet clair tout à fait insolite dans le désordre et l'obscurité de la végétation. On pense plutôt à un jouet d'enfant, en bois blanc, perdu dans l'herbe haute d'une prairie en fleurs.

Sauf les vieillards, je ne vois pas les habitants dans l'après-midi. Le chef m'explique qu'ils sont aux champs de culture et, pour me distraire, je fais une aquarelle d'après mes porteurs et la haute muraille d'arbres.

Ce n'est qu'après la tornade, à la fuite du jour, qu'en me promenant entre les cases, je vois rentrer les indigènes un à un, hommes et femmes. Ils sont nus, ou presque ; certains rapportent sur leur épaule l'unique outil de culture nègre, le daba, sorte de houe ; d'autres tiennent de grands arcs de bois sombre et des flèches. Les femmes portent des filets. C'est la première fois que je vois cela. C'est la première fois que je trouve intacte cette société qu'évoquent les vieux contes nègres, avec son parcage naïf des sexes : aux hommes appartient le domaine de la chasse ; aux femmes celui de la pêche. Je ne me lasse pas de guetter dans l'ombre du sentier étroit de la forêt ces individus qu'on distingue si difficilement des verdures maintenant assombries. On dirait des trous qui prendraient soudain forme humaine ; mais forme muette. Ces chasseurs, ces pêcheurs sont-ils vraiment si fatigués qu'ils ne puissent échanger deux mots? Je crois plutôt qu'effrayés de ma présence, qu'ils ont apprise, ils s'efforcent de passer inaperçus ; ce qui me le fait croire, c'est qu'ils ont bien dissimulé leurs prises : je ne distingue ni gibier ni poisson ; ils craignent sans doute que je ne les pille. Quand je les fais interroger par mon interprète, le tirailleur qui m'accompagne, ils me répondent qu'ils rentrent du lougan. Sauraient-ils déjà tous, hommes et femmes, que l'administration française préfère aux chasseurs, les cultivateurs?

Je me couche de bonne heure et m'endors dans le calme. Mais je suis réveillée fort avant dans la nuit, par des éclats de rire. Je me lève, je sors, pour mieux écouter. Dans le caravansérail, mes compagnons de route dorment. J'en franchis l'enceinte. Le phénomène se répète ; tantôt dans une direction, tantôt dans une autre, fusent des rires stridents, énervés. Au milieu de la nuit et du décor que je sais, ils sont d'une étrangeté un peu fantastique. Ils me font songer vaguement à ce récit d'un vieux Guerzé que m'a transmis l'interprète du capitaine : « Autrefois, dans cette région vivaient des hommes tout petits ; ils ne mangeaient que des fruits et habitaient des cavernes où ils se terraient par peur des autres hommes, comme des rats ; mais quand on les avait dépassés, on les entendait rire dans leurs trous. »

Légende des négrilles? pure imagination? Un peuple de naïfs rieurs cachés dans ces murailles végétales, ce serait bien séduisant. Il faut y renoncer : les rires partent du village ; ils sont un effet du banghi. Cependant, les ruelles où je me suis engagée sont désertes ; les ivrognes ne se commettent pas dehors. Ils ne sortent pas des cases que j'aperçois éclairées à travers l'écran de jonc qui les clôt. Ils sont ivres correctement, en famille, comme des Anglais.

5 *avril.*

De Niampara à Koulé, la forêt, toujours, ainsi qu'on me l'a promis, mais une forêt sans grand caractère. La forêt de Kaviata ressemblait à une personne ; elle avait des traits définis. Celle-ci n'est qu'un morceau d'un tout insaisissable ; une vague quelconque d'un océan végétal dans lequel il est du reste fort agréable d'être plongé.

Il n'est plus nécessaire de partir dès l'aube, car, à l'abri du soleil, les porteurs ne souffrent jamais de la chaleur, même à midi, et, d'autre part, les femmes de ces contrées-ci ne leur font pas attendre trois ou quatre heures leur nourriture. Quelquefois même ce sont les calebasses pleines de riz et de belles sauces à l'huile de palme rouge qui attendent les voyageurs. De Bougouni à Beyla c'était à qui, dans les villages, échapperait à la corvée de nous ravitailler, ici, c'est à qui s'illustrera en l'accomplissant.

Question d'approvisionnement des hôtes et de prestige des passants. Ici, le riz est abondant et les Français sont rares.

Il a plu presque toute la journée, à Koulé, et je n'ai pu visiter ce premier village toma [1]. Je me suis amusée à observer les attitudes de mes porteurs au repos dans la case-palabre. Cette case diffère des autres par ce détail essentiel que les murs y sont remplacés par de

1. Les Toma sont le peuple de Haute-Guinée le plus nouvellement soumis à l'autorité française

simples pieux qui supportent la toiture en paille ; un simple abri contre le soleil ou la pluie, où se réunir et causer. Mes compagnons ne sont pas fatigués ; après leur repas, ils ne songent pas à s'étendre pour dormir : ils jouent. Ils jouent à un petit jeu de salon. Je les ai vus chercher dans les environs des cases de petits cailloux noirs et rouges. Ils les ont choisis aussi semblables que possible, puis, sur le sol battu de la case, voilà qu'ils les disposent parallèlement par rangs de plus en plus longs d'abord, de plus en plus courts ensuite. La figure ainsi formée rappelle un losange ou, mieux, cette ballade des Djinns que Victor Hugo composa en vers d'une longueur croissante, du monosyllabique à l'alexandrin, pour revenir au monosyllabique.

Le dessin achevé, l'un des joueurs s'éloigne de quelques pas et tourne le dos au groupe de ses compagnons. Je pense au temps où, jeune fille, je me retirais comme lui du groupe de mes amies composant une charade.

Mais lui se met à chanter, en augmentant rapidement sa vitesse, une chanson rythmée que j'ai notée ainsi :

Je na ta ré ma
Je na ta ré ma
Je na ta ré mag'bo
Je na ta ré mag'bo
Je na ta ré mag'bo bokéré bokéré
Je na ta ré mag'bo bokéré ô ! ya ya
Je na ta ré mag'bo bokéré bokéré je na ta ré mag'bo ya ya ô
Je na ta ré mag'bo bokéré bokéré je na ta ré ô! ya ya
Je na ta ré mag'bo bokéré bokéré
Je na ta ré mag'bo ya ya
Je na ta ré mag'bo
Je na ta ré mag'bo
Je na ta ré ma
Je na ta ré ma

Pendant qu'il chante, ses compagnons sont accroupis et regardent la figure formée par les rangées de cailloux, tandis que l'un d'eux les effleurant successivement d'un index rapide, contrôle l'identité du nombre des pieds écrits et chantés ; car chaque caillou touché représente une syllabe émise par le chanteur ; si celui-ci en ajoute une, de son cru, ou en omet une, ou s'il saute un vers, ce sont des rires qui le bafouent. Des douze hommes, presque tous se plaisent à subir, mains au dos, sur la sellette, cette épreuve de prosodie.

Mais, au fait, que disent ces vers? Mon interprète ne peut ou ne veut pas me le dire.

Peut-être ne signifient-ils rien : simples sons choisis pour faire résonner agréablement les cordes vocales. Ou peut-être sont-ils une formule obscène rituelle ? Bien délicates, en tous cas, sont les modulations qu'ils ont inspirées ; de courts intervalles majeurs et mineurs, frais et paisibles, comme le murmure des eaux.

N'Zébéla. — 6 *avril.*

La nuit dernière, à Koulé, fut plus peuplée de bruits que d'habitude. Cela tient à l'abondance de la pluie d'hier qui provoque la renaissance du monde hivernal. Que de coassements, que de crissements, de hullulements, de miaulements ! Mais au-dessus de ces rumeurs ardentes et touffues, trois notes régnaient, plainte d'oiseau, mélodique et claire au-dessus d'un chœur ténébreux de reptiles ; notes pures, aiguës, tierce mineure ascendante et quarte, tel un jet bref ininterrompu nuit et jour, de trois perles rose, violette et bleue.

En quittant Koulé, nous montons et nous parvenons au flanc dénudé d'une montagne d'où la vue s'étend sur une mer d'arbres. Ce devrait être une mer d'arbres, mais c'est en réalité une mer de brumes si dense, si plane, si bien endormie que les petites collines plantées de palmiers qui en émergent ressemblent à des îles. Je songe qu'il ne m'est plus nécessaire de visiter des mers lointaines orientales pour connaître des archipels féeriques. La mer que je vois est couleur de mercure et d'or, les îles allongées sont noires et leurs palmiers bleus ressemblent, sur leurs saillies de velours, à de grandes épingles, aux têtes turquoise, fichées sur des pelotes, à profusion.

Le village de N'Zébéla, ancien poste militaire, a été prévenu de ma visite. Le chef est venu à une quinzaine de kilomètres au-devant de moi. L'instituteur indigène, étant pourvu d'une bicyclette, l'avait devancé. Ce tout jeune homme est un Malinké de belle humeur, nouvellement sorti des écoles de Gorée, qui est fier de représenter l'Europe à N'Zébéla par son costume et par ses fonctions. Il fait grand contraste avec les représentants des populations guerzé que je viens de fréquenter, si raffinées en savoir-vivre. Ce n'est certes pas lui qui se laisserait tuer pour témoigner de politesse. Il ne cesse de me contredire, sans nécessité, sur tout, sur la chaleur et la couleur, par sport. Cela me réconforte et m'amuse.

A N'Zébéla, le chef de village qui m'a escortée, le chef de province et tous leurs parents m'envahissent. Ma case, située à l'entrée du village, ressemble à une ruche dans laquelle la population, changée en essaim, entre et sort librement comme aux plus beaux jours de butinage. J'espère calmer le mouvement en faisant cadeau d'une belle pipe à chacun des chefs. Ils remercient et se retirent en effet entraînant avec eux leurs sujets : mais ils ne tardent pas à revenir. Leur prétexte de retour est de m'amener de soi-disant parents de Ouègo Boëboghi en grand nombre.

Ouègo fut un de mes plus anciens et de mes meilleurs élèves à Fréjus, pendant la guerre. Il est à présent en France, sergent dans un bataillon d'infanterie coloniale. Mais sa famille est ici, ainsi que sa femme, dont il est très fort épris et qui est célèbre à N'Zébéla par son esprit et sa beauté. Avant lui, d'autres époux l'apprécièrent. J'ai bien promis à Ouègo de voir sa femme et j'ai fait prévenir celle-ci de mon arrivée. En l'attendant, dans l'affluence de mes visiteurs, je reconnais un frère d'Ouègo que j'ai connu tirailleur ; il est son frère parce qu'ils sont issus tous les deux de la même grand'mère ; Kouro Ouniboghi le précise en français, car il n'a pas oublié notre langue. Quand je lui donne cinq francs comme « petit souvenir » il proteste d'un air dégagé :

« Petit souvenir? pas trop petit, bon à prendre. »

Il ne me quitte plus, il reste appliqué au mur de ma case, derrière moi, en spectateur assidu et discret, sauf lorsqu'on vient m'annoncer que la femme d'Ouègo, Koto Koéboghi, va venir me rendre visite. Alors, il tire par son boubou un autre ancien tirailleur et lui dit en français : « Attends un peu, on va voir arriver Koto. »

Il est vrai que l'entrée de Koto, suivie d'un flot de foule, est sensationnelle. Enceinte d'au moins sept mois, mais vêtue comme les autres femmes d'un court pagne de coton blanc fixé aux hanches, son ventre énorme s'offre nu, tout entier échappé de l'étoffe. Ainsi, d'un coquetier beaucoup trop petit, s'échappe un gros œuf. Mais celui que je vois est un œuf noir et poli comme un somptueux œuf de Pâques en chocolat. Et c'est à peine si, au-dessus, je distingue, ornements vains, une petite tête, peut-être jolie, des bras ronds et des seins devenus longs et agiles après trois maternités.

Je m'apitoie d'abord sur le sort d'Ouègo, mais je me rassure bientôt; Koto affirme, non sans vivacité, qu'elle pense à son mari jour et nuit depuis un an qu'il l'a quittée, tout en couchant avec un autre garçon comme c'est l'usage ici, puisqu'une femme, pas plus qu'un homme, ne saurait rester « comme ça », c'est-à-dire chaste et inféconde, ce qui est un crime.

Le « petit frère » de Koto, qui vient d'hériter de la personne de sa sœur et de plusieurs autres sœurs depuis la mort de son père, grand chef de province, me fait un discours. Il me confirme d'abord ce que vient de dire Koto sur sa fidélité, puis il insiste sur les avantages de l'union contractée par elle avec Ouègo, union entièrement fondée sur la confiance, donc excellente malgré que non régularisée selon la coutume indigène, — Ouègo, en effet, n'a versé d'argent qu'à sa femme et non à son beau-père ou beau-frère, — union indissoluble quand même, étant consacrée par ma visite et par l'envoi sur lequel il compte, envoi que lui fera certainement Ouègo de pagnes pour Koto et, pour lui, d'un costume européen complet, d'une paire de chaussures et d'un chapeau de feutre.

Plusieurs personnes profitent de l'occasion pour me demander d'envoyer ou faire envoyer par Ouègo, dès mon retour en France, divers objets importants de fabrication parisienne qu'ils me désignent. En attendant, j'en distribue d'insignifiants qui sont néanmoins accueillis avec enthousiasme, car ce sont des souvenirs : colliers, mouchoirs de tête, petits billets ou petites pièces.

Tout le monde me quitte après m'avoir serré la main, du moins les tirailleurs et les chefs acquis aux modes françaises font ainsi ; mais les femmes tordent délicatement le bout de mes doigts comme c'est ici la coutume, même entre parents, même entre mère et fille, coutume si expressive de la civilisation délicate que nous détruisons.

Après mon dîner, vers huit heures, Koto revient me chercher pour me faire connaître sa mère et sa grand'mère et la demeure de cette aïeule où toute la partie féminine de la famille est réunie. J'assiste à un spectacle inouï dans cette case. Sur le banc de terre adhérent au mur, et qui règne circulairement, sont assises une quarantaine de femmes de tous les âges, depuis le poupon jusqu'aux plus vieilles ; toutes, assises avec dignité, rigides, sont brillantes de transpiration et semblent des idoles vernies, car au milieu de la case crépite un brasier où pourrait rôtir entier un mouton.

Je serre des mains, je distribue encore des bibelots au hasard, comptant sur mon privilège d'étrangère, ignorante des usages toma, et, à demi suffoquée par la chaleur et la fumée qui s'échappe mal à travers la paille, je regagne en hâte la sortie. Koto et plusieurs femmes, quelques-unes les reins chargés de leurs bébés, ne craignent pas d'aborder demi-nues, en sueur, la fraîcheur de la nuit pour me reconduire à une cinquantaine de pas.

Quand, discrètement, elles s'en retournent, ce sont les chefs de province et de village et leur suite qui m'accompagnent jusqu'à ma case. Je n'ai guère cessé de les voir tous les deux autour de moi, ces chefs, depuis mon arrivée et, au fur et à mesure que la journée s'est avancée, j'ai pu remarquer qu'ils étaient de plus en plus gais et gris ; ils ont dû boire, en mon honneur, bien des calebasses de banghi et ce soir à 9 heures, ils sont complètement ivres. Ils n'en ont rien perdu de leur empressement à mon égard, au contraire. Ils rivalisent d'attentions ; ils tiennent respectivement à me faire voir leurs cases, d'ailleurs vides, car le chef de famille habite seul la sienne et n'y invite que ses femmes, chacune à son tour et nuitamment. Comme le chef de province veut entrer dans sa case pour la faire éclairer mieux, il s'étale sur son seuil tout de son long, ce qui ne lui ôte pas sa confiance en lui-même, car il se replace aussitôt en tête de la petite troupe, comme pour la guider, quoiqu'il suive en réalité le porteur de torche qui n'est pas ivre. Quant au chef de village, il se tient à mon côté, avec la prétention, quoique titubant fort, de me soutenir au cas où je viendrais à trébucher sur le sol un peu raviné de certains quartiers du village. A cette intention il se saisit de temps à autre de mes coudes et les soulève, me portant presque, au risque de me faire tomber avec lui.

Ma porte fermée sur le départ des aimables ivrognes, quand je reste seule à prendre ces notes, je pense que je viens d'assister à l'une de ces scènes de la vie indigène perturbée par notre contact et qui sont le prétexte habituel du mépris de mes compatriotes pour les nègres. J'imagine facilement quelle serait la narration des incidents précédents, faite par un colonial. Il n'y serait question que de brutes ivres, de faces bestiales et grimaçantes, de gestes simiesques ou obscènes, d'odeur infecte. Or, je n'ai rien trouvé de tout cela quoique j'aie pris la peine de regarder les gens de très près, ainsi que je viens de le dire.

La malveillance des voyageurs en général tient à plusieurs causes, mais une grande responsabilité en revient aux peintres. Ceux-ci s'étant adjugé le privilège de découvrir la beauté, il est évident qu'avant leur passage, il n'existe que de la laideur. Il n'y a que peu de temps encore nous étions laids nous-mêmes ; nos figures, nos corps, nos costumes, nos paysages étaient informes auprès de ceux de nos ancêtres. Mais depuis les « Canotiers » de Renoir, les « Promeneuses » de Seurat entr'autres consécrations, nous sommes beaux. Les noirs d'Afrique le seront demain. Ceux de N'Zébéla seront magnifiques, riches d'humour et de sève comme une page de Rabelais.

Certes, l'art collectif admirable des Guerzé et des Pahouin ne saurait renaître dans ce milieu où s'est amorcé, à notre contact, le goût de la liberté individuelle. Mais que c'est beau de voir de vieilles institutions craquer sous la pression d'une vie nouvelle qui se gonfle. Elles craquent à N'Zébéla, non pas trop, à la manière d'une digue qui se rompt, mais à la manière d'un corsage usé sous la pesanteur de beaux seins.

7 *avril.*

Nous serons à midi à Erié. Mais je ne suis pas pressée de m'y trouver. Je voudrais toujours être en route, car je ne me lasse pas de la forêt. Quand j'ai quitté Beyla, l'administrateur m'a dit : « Vous n'appréciez pas notre grand ciel ; vous souhaitez connaître la forêt? Votre curiosité, je l'ai eue, nous l'avons tous eue, mais tous nous nous sommes vite lassés de la prison verte, obscure et méphitique. Au bout de trois jours j'y étouffe. L'air, l'espace, les grands horizons, voilà ce dont on ne se lasse jamais. »

Non seulement je n'étouffe pas dans la forêt comme le bouillant commandant de cercle, mais l'air m'y gênerait, je n'y peux souffrir aucun trou artificiel ou naturel, c'est une exagération inverse.

Nous passons près d'un village dont le chef, un ancien sergent, vient me saluer sur la route. Il est joyeux de me revoir, il m'a connue à Saint-Raphaël. Je lui parle à peine, parce que je regarde avec chagrin près du village de grands arbres abattus que des hommes ébranchent et commencent à réduire en cendres pour en constituer la fumure de leur rizière. Je ne peux pourtant pas dire à cet homme que ce sont mes arbres et qu'il vient de dégrader mon toit, mais sa présence active me semble une effraction ; la présence du ciel même quoique paisible me gêne aussi quand, par hasard, je la surprends entre deux cimes. Il me semble voir une grosse tête bleue indiscrète qui veut me surprendre chez moi. Et je déteste aussi les rayons du soleil quand ils font irruption jusqu'au sol, en colonne. J'ai recouvré l'instinct jaloux des hommes des cavernes en quelques jours. J'aime ma caverne d'or vert à la voûte diamantée, aux longues galeries de stalactites en lianes. Et ces touffes de grandes fougères y ressemblent à des ballets d'eaux jaillissantes.

Qui me parle d'emprisonnement et de solitude? Il n'existe pas d'autre prison que la monotonie, ou alors la terre elle-même est une prison. Une caverne est un univers quand elle se multiplie ; la mienne, aujourd'hui, est chatoyante comme le ciel et la mer à la fois. Si je voyais une déchirure à sa voûte en ce moment, j'en pleurerais, car elle est à mes yeux une broderie du plus grand prix, ton sur ton, sobre, mais si délicate !

Je me suis arrêtée dans la forêt de bans pour faire une petite aquarelle. De grandes palmes, jaillies du sol à ma droite, montent d'abord verticalement, puis s'inclinent très haut au-dessus de ma tête pour franchir le chemin. Mais les palmes qui sont à ma gauche leur rendent leur visite. Ce ne sont que salutations de personnes très distinguées.

Dans une partie de notre trajet règne un

parfum très agréable, et je crois m'apercevoir qu'il s'accroît de densité quand mon hamac frôle certains arbustes. Ghibi s'informe du fait, de ma part, auprès du tirailleur interprète et celui-ci soumet aux porteurs mon hypothèse. Mais je n'obtiens pas d'explication. Ils feignent de ne pas savoir. Le tirailleur ne peut être expert en parfums, car celui du banghi, qu'il dégage d'ailleurs, lui suffit. Quant aux hamacaires, ils s'alarment évidemment de ma curiosité intempestive. Si j'allais encore me laisser charmer par l'arbuste odorant comme par les feuilles de ban et oublier l'heure de l'étape?

Ghibi seul s'émeut profondément de mon cas et il n'est plus de nouveau feuillage au bord de la route qu'il n'interroge d'un œil sévère pour lui arracher bientôt son secret et, d'abord, deux feuilles, m'en donnant une à flairer, puis respirant lui-même l'autre, longuement, d'un air soupçonneux.

Et puis voilà les gens de Zoborouma ! Le chef de village affable, une courte suite, des musiciens et un groupe d'hommes presque nus destinés à relayer bénévolement mes porteurs.

Il va être bien difficile aux musiciens de se servir de leurs instruments, car voici que les porteurs de relai, magnifiques musculaire ment, s'emparent d'assaut, sans me prévenir, de mes bagages et de mon hamac avec ma personne et les emportent à toute vitesse. Cela ressemble à une agression, mais où mes hommes, mes défenseurs, n'ont pas eu un rôle brillant. Ils se sont laissé déposséder sans peine et je les vois, distancés, quand je me retourne, se perdre à l'arrière, tandis que le chef et les musiciens se lancent à notre poursuite. Mes vainqueurs poussent des cris de triomphe et de temps en temps ils donnent de violents coups de tête dans le cadre d'où pend mon hamac. Sans doute ils se prouvent ainsi, ou ils me prouvent, leur aisance de cariatides, avant de se lancer dans la course, leurs bras libres, mais plus ou moins écartés du corps, servant de gouvernails. Lorsque le sentier est plan ils chantent tout en courant ; s'il se dresse en côte escarpée, ils grognent, rageurs comme des bêtes. S'il dévale, ils crient tous en se poursuivant, s'invectivant, réveillant tous les échos des gorges qui abondent en cet endroit. C'est la région la plus accidentée que j'aie encore vue en Haute-Guinée. Là où l'on croit, entre les branches des hauts arbres, découvrir le ciel bleu, c'est une montagne ; et c'est l'eau des torrents qui brille et mousse au fond d'un trou entre leurs pieds.

J'ai visité le village en compagnie du chef. Presque tous les palmiers à huile qui avoisinaient les cases sont morts, saignés avec excès sans doute par les buveurs de vin de palme. Je demande où sont les jeunes plants qui remplaceront les arbres disparus. Le chef est trop diplomate pour me décevoir en me disant qu'il n'y aura plus de palmiers à huile dans son village, et, d'autre part, il ne peut me montrer de pépinières, car les Noirs, ici, ne replantent pas.

— Quand un vieux palmier meurt, me fait-il répondre, il en repousse un autre juste à la même place, plus tôt ou plus tard, mais il en revient toujours un.

Quant à la multiplication des arbres, il l'attend du soin des buffles sauvages. Ces buffles d'un troupeau mangent toutes les noix de palme en même temps que l'herbe, et ce sont leurs bouses qui sèment les noyaux partout dans la forêt.

Cette fable du palmier qui renaît de ses cendres fait-elle partie des classiques nègres? Est-elle une improvisation du vieux chef?

8 *avril.*

Dans une forêt où les panthères abondent, la nuit, ma case ouverte est envahie par de vulgaires rats qui dévorent les restes de mon poulet et ma robe blanche qui sent l'amidon.

J'ai oublié de mentionner ces jours derniers un pont indigène de lianes. Nous en trouvons un autre à Bonkomadou, dernière étape avant Macenta. C'est peut-être troublant de passer au temps des crues, sur cette vannerie claire et lâche qui s'enfonce un peu sous les pas comme un filet ; mais en cette saison où la rivière est basse, c'est un sport agréable. Toutefois mes porteurs ne s'engagent dessus qu'un à un, et mes hamacaires m'ont fait descendre. D'un peu loin cela ressemble à une toile d'araignée qui multiplie ses attaches aux plus hautes branches des arbres et qui aurait fléchi à force de prendre des mouches ; les mouches, c'est nous.

Dans le lit assez encaissé de la rivière s'entassent les arbres qui furent déracinés et les roches qui furent déshabillées par les affouillements des grandes eaux précédentes. La voûte verte qui ombrage l'eau est faite des grands arbres des bords opposés, qui, chus à demi, s'appuient du front l'un sur l'autre, tandis que leurs racines nues s'accrochent encore à leurs berges respectives.

Sur un îlot de sable, le dernier, car les eaux remontent, des femmes lavent, bavardes, rieuses. Beaucoup sont jolies et les étoffes qu'elles tordent ou qu'elles étendent ne sont pas ces pagnes blancs qu'on voit aux femmes des villages, mais des pagnes bleus décorés de blanc ou blancs rayés de noir et de jaune. Dévêtues ces femmes ont déjà l'air de citadines. Elles m'accueillent bien, mais sont impitoyables pour mes porteurs ; elles leur indiquent la zone des hommes, de l'autre côté du pont, et docilement ils vont s'y baigner comme chaque fois qu'ils trouvent une rivière. Quelques-unes des laveuses savent me dire : bonjour, Madame, et d'autres prononcent : des sous ! Une petite fille leur apporte ceux que je lui ai remis. Alors elles éclatent de rire toutes, ravies de la conversation. Femmes de Blancs? de tirailleurs? sûrement, et diverses de race, car on pourrait échelonner leurs nuances, du rouge au noir.

MACENTA. — 10 *avril.*

Le grand village indigène est situé au fond d'une cuvette aux bords abrupts copieusement décorés de palmiers. C'est fort joli. Le poste militaire est construit sur une colline pointue garnie de blocs de grès arrondis, assez semblables à ceux que l'on rencontre dans la forêt de Fontainebleau, et de manguiers aux ombres solides que l'administration française plante en tous ses chefs-lieux comme un second drapeau.

Ma case, demeure habituelle d'un lieutenant absent en ce moment, est un exemplaire quelconque de case coloniale européenne. Rectangulaire elle est pourvue, de trois côtés, d'une véranda très spacieuse, limitée par une balustrade d'où naissent, carrés, des piliers qui soutiennent l'avancée du toit de paille.

De la porte de ma chambre, mon regard voit s'enfuir, à l'est, une vallée bleue, et, au sud, se dresser les profils bleus de hautes montagnes. Les palmiers du premier plan, bleus aussi, encadrent ces fonds.

La petite végétation qui revêt la terre et les roches devant ma maison est délicieuse, pas plus qu'en France, mais autrement. Elle est moins floue, se masse moins, mais décore mieux. Les herbes aiguës y sont plus aiguës, les rondes, plus rondes, et ces caractères se lisent mieux écrits en vert véronèse sur un sol plus rose, du moins en cette saison.

J'ai dessiné la montagne, l'herbe et un lézard qui a le corps bleu de roi, les pattes d'azur sombre, la tête et la queue rouge orangé ; mais je n'ai pas dessiné, faute de pouvoir les surprendre, les serpents qui sont dans l'herbe. Cependant il paraît qu'un trigonocéphale habite sous ma case, non loin de la demeure du beau lézard bleu. J'aurais bien voulu le voir, mais il se cache ; non par peur des indigènes : ils ne lui feraient aucun mal, car nombre d'entre eux le reconnaissent pour leur ancêtre (N'téné), mais par discrétion, puisqu'il pourrait être chargé par un sorcier de remplir auprès d'eux quelque mission cruelle. Ghibi me dit que les serpents ne mordent ni les sorciers, ni les Français, qui sont des maîtres-sorciers. Et il est vrai que je n'ai jamais entendu dire qu'aucun de ces « serpents noirs » ait mordu ici des européens.

Je reçois, dès mon arrivée, la visite d'une femme noire qui a aimé un homme blanc. C'était il y a longtemps, à Kindia, pendant la guerre. C'était un sous-officier ; il est reparti pour la France, et elle est venue ici avec un tirailleur, son nouveau mari. Elle vient tous les jours me parler de son mari blanc, parce qu'elle suppose que cela doit intéresser une femme blanche. Cela m'intéresse en effet de voir qu'il lui a suffi d'aimer cet homme pour parler français comme lui.

Elle a dû être très belle, quand ses seins

étaient encore dressés. Ses bras et son cou très ronds semblent formés de chair pourpre et d'iris bleu ainsi que son visage modelé délicatement par la lumière jusqu'à l'éclat des yeux et des dents.

Une dizaine d'amants qu'elle a pris successivement auraient dû la consoler s'il était possible, mais elle regrette toujours son mari blanc.

— Les maris blancs sont donc meilleurs que les noirs?

— Je ne sais pas, parce que je n'ai jamais entendu parler d'un autre mari blanc pareil au mien ; à la colonie, il y a des maris blancs qui changent leur femme tous les huit jours, il y en a qui ne les regardent pas ; il y en a qui prennent plusieurs femmes noires comme les indigènes, et même qui les battent, mais ce n'est pas pour les faire travailler.

— Tu n'es pas contente du mari tirailleur que tu as maintenant? Le capitaine m'a pourtant dit que tu as fait un sébé (contrat) avec lui.

— Oui, j'ai fait. Je ne sais pas comment j'étais ce jour-là que j'ai fait sébé devant le capitaine, avec ce garçon. Ce jour-là j'étais trop couillonne. Ce garçon-là que j'ai marié il est plus laid, plus bête que tous. Vous n'avez pas vu encore comment il est laid? Je vous montrerai aujourd'hui. »

A bavarder avec moi, Moriama oublie quelquefois l'heure du repas de son mari et celui-ci l'ayant menacée de la battre, Moriama va se plaindre aussitôt au capitaine.

Réclamer à un Blanc contre un homme de sa race? Déranger un fonctionnaire pour une si petite affaire personnelle? Indignité et effronterie pensent les Guerzé et nous-mêmes. Mais elle peut bien estimer que le capitaine est responsable de son mariage et que sa dignité de race est bien incertaine depuis qu'elle a aimé un Blanc.

J'ai été visiter la femme de l'instituteur indigène parce qu'elle vient d'accoucher. L'enfant est mort, elle a failli mourir. C'est un cas banal puisque plus de la moitié des enfants en Afrique Occidentale meurent à leur naissance ou en bas âge. J'aurais voulu assister à cet accouchement, mais on ne m'en a pas prévenue. On n'a prévenu que les vieilles femmes qui ont opéré dans le plus grand mystère ; tout le monde, les hommes surtout, devant fuir le lieu de l'accouchement de peur d'apercevoir la patiente ou même d'entendre ses cris.

L'accouchée aurait pu mourir sans revoir

sa famille et son mari, seule avec les vieilles, approvisionnées de couteaux, d'eau de marigot et de terre glaise avec quoi elles tranchent, lavent et pansent les chairs et très souvent leur inoculent la fièvre puerpérale ou le tétanos.

Lorsque je vais voir la jeune rescapée, je trouve cinquante visiteurs ou visiteuses dans sa case. C'est un hommage bien dû à l'héroïne d'un drame secret et par cela d'autant plus émouvant. On la fuyait hier, on l'étouffe aujourd'hui. Les coutumes nègres témoignent aussi bien que les nôtres d'une science du dressage consommée. Au seul mot : accouchement, départ en ordre dispersé. Au mot : naissance, retour en masse. Je ne peux m'empêcher de songer à une manœuvre militaire. On se replie, on éteint les feux. On revient à l'assaut, on envahit la place. Ainsi un bon capitaine prendrait en main ses troupes. Le prétexte du mouvement importe peu ; c'est un simple scénario mystique qui distrait les esprits des buts de discipline.

Je fais souvent de longues conversations avec l'interprète du poste que le capitaine a mis à ma disposition. Un interprète est un indigène qui a perdu généralement, dans l'exercice de ses fonctions, ses opinions, sa sincérité, sa sensibilité, sa couleur et son sourire. Celui de Macenta a perdu jusqu'à son visage, car, à force de se contredire, ses expressions mensongères ont effacé tous ses traits ; mais il lui reste l'appétit et l'intelligence qui le pourvoit.

Il m'a répété ce qu'on m'a souvent dit des Toma et surtout de leurs chefs, grands propriétaires d'épouses. Quelques-uns en possèdent plus de cinquante ou même cent, qu'ils utilisent selon leur génie personnel. Simples reproductrices et servantes, quelquefois raccrocheuses, telles sont des utilisations qui ne donnent pas aux exploiteurs de bénéfices durables, ni surtout une popularité indispensable à la puissance. Aussi beaucoup de chefs ont cherché un autre mode de rendement de leur troupeau féminin et avec un génie social admirable ont trouvé celui-ci : ils donnent la plupart de leurs épouses en mariage à des garçons pauvres, étrangers, sans exiger d'eux la moindre dot, à condition qu'ils ne quitteront pas le village et ne cesseront pas d'y cultiver le riz et d'aider, ainsi que leurs enfants, leur chef généreux. Il paraît que les intéressés se trouvent bien de la combinaison. Elle est en tout cas une forme ingénieuse de servage et bien digne de ce peuple toma si spirituel. « Mes épouses, dit le bon chef aux passants, sont vos épouses et vous êtes tous mes enfants. »

L'interprète a, dit-on, autant de femmes qu'un chef toma, mais, malinké et musulman, il préfère les collectionner jalousement, dans un harem.

Un soir que je me suis arrêtée chez lui, je lui demande avant de partir de me présenter ses femmes. C'est en face de sa case, rectangulaire comme celle des Français, que se trouve la case de ses épouses, large, mais ronde, à l'indigène. D'où je suis assise et d'où il est assis lui-même, sous sa véranda, on en voit la porte en bois plein. Pendant tout le temps de ma visite je remarque que cette porte est restée fermée. Quand je prends congé, le mari et maître l'ouvre sur ma prière, sans empressement, et appelle plusieurs personnes aussi froidement qu'on appelle, au tribunal, des accusés. Trois femmes se lèvent entre une vingtaine qui sont réunies. Elles viennent me saluer et je leur serre la main. Je demande au mari qui sont les autres femmes qui les entourent : « Des parentes » me répond cet ogre.

— Les femmes noires, m'avait-il dit un jour avec amertume, n'aiment pas leurs enfants puisqu'elles n'hésitent pas, pour obtenir le divorce d'avec leur mari, à les lui abandonner selon la coutume.

A mon avis, il a trop généralisé. Ce sont ses propres femmes qui n'aiment pas leurs enfants, autant qu'elles le haïssent lui-même !

Je me promène souvent avec Moriama dans le village même, ou en dehors, en pleine forêt. Nous faisons fuir quelques oiseaux et Moriama me dit que les indigènes racontent sur eux beaucoup d'histoires. Quand je la presse de m'en raconter, elle me dit qu'elle n'en sait plus, la menteuse, pour se débarrasser de moi. Parfois cependant, un mot lui échappe. A propos du toucan, qui répète ses notes, elle me dit :

— Cet oiseau-là, partout où on arrête, il arrive vite pour crier. Alors l'indigène l'appelle « celui qui vient réclamer ».

Sur notre chemin, comme sur tous les chemins de la Guinée, nous rencontrons des tourterelles ; elles semblent nous attendre, mais quand nous approchons trop, d'un coup d'aile elles vont un peu plus loin, toujours sur la route ; Moriama m'explique pourquoi, sans que je le lui demande.

— Un homme déjà vieux un peu, dit-elle,

marchait toujours seul. Il n'avait pas trouvé de femme pour se marier parce qu'il n'avait pas de parents, pas d'argent. Personne ne le regardait dans le village, parce qu'on ne peut pas regarder un homme qui n'a pas de famille. Il était forcé de rester dans la brousse à marcher toujours et il ne voyait rien que les tourterelles sur le chemin. Alors il a dit à une tourterelle : « Je suis bien fatigué d'être seul. Personne, dans le village, ne veut de moi pour mari ; mais toi, tu es bien gentille, peut-être tu voudras bien te marier avec moi? » La tourterelle l'a écouté, elle est devenue une femme, elle s'est mariée avec lui, mais elle lui a fait promettre de ne jamais raconter qu'elle était une tourterelle. Ils ont eu beaucoup d'enfants et ils sont rentrés au village où on les a très bien reçus. Tout le monde voulait savoir comment l'homme pauvre avait trouvé une famille, jolie comme la famille d'un chef. Mais lui ne disait à personne comment c'était arrivé. Il l'a dit seulement un soir, à un homme qui le fatiguait trop avec des questions. Le lendemain matin, quand il s'est réveillé, il n'a plus trouvé sa femme à côté de lui, ni ses enfants dans leur case ; mais sur le toit il y avait beaucoup de tourterelles qui sont parties quand il les a regardées. C'est pour cela que maintenant les tourterelles vont un peu plus loin quand elles voient approcher quelqu'un ; elles ont trop peur de se marier encore avec un homme »...

La foudre tombe assez souvent sur le poste de Macenta et le capitaine dit qu'il faudrait le déplacer afin que les cases administratives, actuellement juchées sur le sommet de la colline, ne servissent plus de paratonnerre.

Un jour d'hivernage, — c'était peu après la condamnation d'un féticheur, — le capitaine s'entretenait avec le docteur, sous sa véranda. La foudre est tombée entre eux, a tué un chien, a projeté le docteur au dedans et son visiteur au dehors de la case, à dix mètres. Le capitaine resta évanoui une trentaine d'heures à l'infirmerie ; mais son prestige d'administrateur resta évanoui plusieurs mois dans l'esprit des Toma, car la vengeance du féticheur ne fût pas mise en doute dans cet événement.

— En France, distinguait un ancien tirailleur, tu prends le tonnerre comme tu veux, avec du fer ; mais ici, dans la forêt toma, c'est seulement le féticheur qui peut le prendre.

J'ai parlé des superstitions indigènes avec l'instituteur malinké le jour où j'ai visité l'école. Il m'a dit ce qu'il sait lui-même des féticheurs, du tonnerre et de ceux qui pratiquent les tatouages sur les garçons au cours de leurs retraites en forêt, de ces fameuses retraites qui constituent l'un des rites les plus originaux du fétichisme toma. Elles peuvent être brèves ou se prolonger trois ou même sept ans, selon la nature et le degré des initiations, mais toutes sont également mystérieuses. Ma conversation avec l'instituteur, dans la salle de l'école, a duré assez longtemps. J'étais arrivée le soir, peu de minutes avant la fin de la classe, juste assez tôt pour pouvoir admirer les perspectives de jolis visages vifs d'écoliers tomas assis à leur pupitre, puis dressés d'un sursaut pour me saluer. J'ai exigé qu'ils continuassent leur cours. Mais, à l'heure de la sortie, ils ne sont pas partis. Ils sont restés auprès de nous pour nous écouter. Lorsque leur maître, parlant du tatouage, m'a montré le dos de l'un des élèves qui en présentait un exemple, tous les autres se sont mis à rire. Il a demandé alors aux rieurs quand ils se feraient tatouer eux-mêmes. Ils ont répondu : « jamais ». Et il est certain qu'ils étaient sincères, puisque certains d'entre eux, déjà grands, et déjà circoncis, sollicités par leurs parents de faire leur retraite, s'y sont refusé. Ces enfants vivent avec un maître malinké et musulman qui raille la coutume toma de disparaître pendant des années de leur village pour subir en forêt des initiations fétichistes. Ils sont tout entiers, les ardents petits élèves, avec le maître qui les instruit de choses nouvelles, contre les parents qui veulent les garder à leurs usages. Leur esprit ambitieux tend au voyage vers Kankan, vers Conakry, vers Gorée, vers les stages scolaires successifs qui doivent les munir finalement de ces diplômes, tatouages des Blancs, qui les honoreront. Ils sont donc logiques en repoussant les brevets de science fétichiste qui les ridiculiseraient là-bas.

Mais, d'autre part, des tirailleurs qui ont fait six ans de service dont quatre en France, pendant la guerre, se font tatouer dans la forêt après leur libération à Macenta. Le capitaine appelle cela de la régression. Pourquoi? ces gens sont aussi logiques que les élèves du maître malinké. En France, l'insigne du mérite national guerrier consiste en rondelles de métal découpé, clinquantes, appliquées sur la poitrine, au bout de rubans.

Dans un village toma, le même insigne de valeur nationale consiste en un triangle dessiné discrètement sur le dos, à petits points. Pourquoi celui-ci serait-il plus négligeable que celui-là à leurs yeux? Un Africain acquiert par la circoncision une initiation virile ; un Toma acquiert par la retraite une initiation aux rites de sociétés puissantes. Et il est évident qu'un homme qui a reçu l'initiation mystique de sept ans ne peut être aux yeux de ses compatriotes un homme ordinaire. Tel, chez nous, un agrégé en philosophie.

Quant à la science acquise en forêt, si nous en ignorons certaines branches, l'une, que nous pouvons vérifier, est d'une perfection frappante : c'est la science du secret. Car cela est un fait qu'aucun Européen, aucun profane blanc ou noir ne peut connaître les mystères de la forêt. La mort punit sur place les observateurs indiscrets et nul n'a pu rien apprendre auprès des initiés eux-mêmes. Par quelle magique exploitation de la peur ces maîtres féticheurs arrivent-ils à fermer à jamais, sur leurs troubles pratiques, la bouche de leurs pauvres adeptes? Nos prêtres à nous en seraient intrigués et jaloux, eux qui ne savent qu'agiter sans cesse, pour nous faire rester sages, ces menaces des flammes éternelles, menaces dont les effets actuels sont si intermittents !

L'administration française aussi est jalouse de la puissance des féticheurs et elle interdit en principe les retraites, qu'elle déclare contraires à la civilisation. A laquelle? En France chaque individu a la sienne. En pratique, d'ailleurs, l'interdiction est vaine, le commandant de cercle ne pouvant pas fermer la forêt et la faire inspecter comme le parc Monceau.

Pendant les premiers temps de mon séjour à Macenta, je travaillais sur la hauteur, non loin des bureaux du poste ; pendant les derniers, je m'installais de préférence sur le bord de la route qui descend au village.

La situation stratégique du poste est excellente, sur la hauteur, pour observer le mouvement des brumes qui montent et descendent chaque matin contre le flanc des montagnes ou tentent d'envahir la vallée. Mais la route qui conduit au village indigène est une place incomparable pour observer tous les mouvements. Macenta est la ville du mouvement. Les brumes montent et descendent ; les terrains aussi, chargés d'arbres ; les porteurs aussi, chargés d'eau ; les tirailleurs, chargés de fusils ou de matériaux. Tous les soirs les nuages montent, chargés d'électricité, et la pluie ainsi que la foudre tombent ; les femmes des tirailleurs descendent à l'heure du marché et remontent ; des indigènes de tous les âges et des militaires blancs vont et viennent du village aux divers services administratifs : bureau du commandant du cercle, trésorerie, tribunal, infirmerie, postes et télégraphe, école, prison.

L'aspect de Macenta est l'un des plus animés, des plus gais de la colonie et je me demande si on le doit à la situation de la route qui facilite les déplacements, au caractère du capitaine qui les commande, ou à la nature même des Toma. Certes, je sais qu'il ne suffit pas de créer une route agréable entre un village noir et un poste français pour qu'elle devienne un torrent de foule indigène comme à Macenta. Presque tous les sièges d'administration que j'ai visités ailleurs sont situés à l'extrémité d'une montée comme à Macenta et cependant leurs chemins d'accès ressemblent à des gaves desséchés. Les habitants de Macenta m'expliquent qu'ils doivent leur activité à celle de leur capitaine actuel et celui-ci l'attribue à une qualité naturelle des

Toma. De telles appréciations réciproques ne sont pas banales à la colonie. Serait-ce donc qu'il n'y a plus ici de préjugés de race et de distinction de classes? Ils subsistent entiers. Le capitaine est persuadé de l'existence d'un fossé entre la race blanche et la noire et m'assure que ses administrés sont ambitieux du pouvoir, menteurs, querelleurs et que leurs femmes, dès qu'on les émancipe, tombent aux pires relâchements de mœurs. Partout ailleurs en Guinée, où se professent de telles opinions, administrateurs et administrés se haïssent. Ici ils s'entendent. Affaire d'esprit, affaire de sève. Le capitaine a beaucoup d'esprit et de jeunesse, les Toma aussi.

Le capitaine, petit, menu, très vif d'expression et de geste, torrentueux de mots, est tellement jeune qu'il préfère à son insu, naïvement, les hommes aux institutions, la vie à la mort.

Il en arrive à oublier que les tirailleurs font l'exercice avec des fusils et il les arme de perches, de bottes de pailles, de matériaux et d'outils divers destinés à des constructions d'utilité publique. Il en arrive à oublier aussi que les juges doivent leur prestige aux condamnations qu'ils prononcent et il préside le tribunal et les palabres comme des tournois de bon sens.

Les Toma, qui sont fins, se rendent volontiers à ses « mots » et ils admettent même un peu d'arbitraire, pourvu qu'il s'aide d'à propos comme dans ce cas typique :

D'anciens esclaves des Toma ont formé, seuls, un village. Le capitaine leur choisit un chef ; mais ce chef s'ennuie. Ancien esclave lui aussi, il n'a pu hériter de l'attribut de la puissance, ce sceptre indigène qui figure une queue de bœuf ; et il n'a pas d'autorité. Le capitaine, à qui il se plaint, fait couper la queue de son cheval blanc pour créer un sceptre adéquat à la situation nouvelle. Et tous les Toma applaudissent.

La population du cercle de Macenta pense que l'administrateur a de l'esprit et elle ne pense pas encore qu'il pourrait l'exercer contre elle. C'est un état de confiance. Il y a une période de confiance dans les relations entre Blancs et Noirs comme dans tous les mariages, même de convention. Et puis viennent la lassitude et les conflits. Macenta offre le spectacle de la lune de miel, mais la plupart des cercles déjà visités donnent l'impression de vieux et mauvais ménages. J'y ai mesuré l'infidélité des épouses (les populations), au nombre des billets doux dont elles me chargeaient pour les gouverneurs, les ministres et les « Français de Paris ». Les Toma, eux, ne se recommandent qu'à leur administrateur. Ils ne songent pas encore que leurs intérêts et ceux de leurs gouvernants ne peuvent s'enrouler sur la même pelote. Ghibi seul m'en parle avec son expérience de Soudanais.

— Tu n'as pas vu, me dit-il, les sacs de pièces de cinq francs que tous les Toma portent, pour payer l'impôt. Ils sont contents aujourd'hui pour payer ; mais tu vas voir un peu plus tard, quand les Français auront emporté l'argent-là et ramené rien que du papier dans tout le pays, les indigènes auront mal au cœur pour donner des pièces. Et puis, ici, c'est bon maintenant parce que les Toma sont tous commerçants et gagnent beaucoup avec les kolas ; mais quand les Syriens vont arriver et prendre leur place, tu pourras revenir dans ce moment-là : tous les Toma viendront te voir pour te demander de faire réclamation au Président de la République.

Ghibi est craintif, je l'ai déjà dit. Il ne saurait jouir de rien ; mais moi, je m'abandonne à mes impressions heureuses. Ce capitaine agile et enjoué, ces Toma confiants, nouveau-nés à la domination française, cela me rappelle quelque chose, un spectacle étrange et touchant d'innocence ; c'était, dans une ferme, au milieu d'un clapier, une pigeonne blanche qui couvait des lapereaux gris.

Demain, départ pour Guéckédou, pays kissien, avec Mamady Koné et son cousin Mara qui sont venus relever Ghibi de son service auprès de moi. Celui-ci a d'abord laissé voir sa joie d'être libéré et puis il en a eu des remords. « Moi aussi, me dit-il, j'aurais bien voulu t'accompagner jusqu'à Conakry et en France. Quand tu seras arrivée là-bas, il faut le dire, j'irai à Paris. Mais, maintenant, je vais te dire pourquoi je retourne au Soudan. Le jour que j'ai quitté mon village, pour te trouver à Bamako, tout le monde a dit à ma femme : ton Ghibi a trouvé la place pour faire boy à Paris. Elle a pleuré beaucoup; alors moi j'ai dit que je vais revenir bientôt ; c'est pour ça que je quitte ici parce que si je partais avec toi en France ma femme dirait : c'est tout le monde qui a dit vérité; c'est mon Ghibi seul qui a fait men songe. »

Un mensonge, cela le gêne bien ! Le men songe, c'est ce qu'il vient de me dire par poli tesse, par tendre politesse, car il n'a pas du tout envie de me suivre en France, lui qui a si peur d'être vu ! Il va, d'ici, courir tout droit à son village pour s'y recacher, comme le grillon dans son trou.

19 *avril.*

Quitté Macenta à cinq heures du matin par un brouillard intense qui ensevelit toutes les formes végétales. C'est peut-être pour que je sois toute à l'appréciation des degrés délicats de luminosité et de tiédeur ambiantes, si volupteuses? Pendant deux heures je réside dans une opalinité laiteuse ou nacrée, muette comme un ciel. Quand la brume à la fin s'élève, on dirait d'un tissu aux longs poils de soie floche qui, en s'enlevant, a perdu sur les palmes les milliers de diamants dont il était brodé.

Je ne vais pas directement à Guéckédou. Je fais, pour m'y rendre, un détour par Soulakolo, village natal de Mamady Koné. Celui-ci le quitta pour venir me rejoindre à Macenta ; mais il y a laissé sa femme et l'y reprendra. Je me dirige donc tout droit vers le point le plus dénudé du pays kissien, pays agricole.

— Je suis triste pour vous faire voir mon village comme il est maintenant, me dit Mamady. Quand j'étais petit, c'était un grand bois autour, maintenant il est tout brûlé.

Je sais donc que je vais perdre très vite la chère forêt et je note, avec angoisse, depuis que les fonds sont devenus nets, les marques de sa déchéance. Par une trouée, tout à l'heure, j'ai aperçu, assez proches, des collines chauves. Maintenant, à ma droite ou à ma gauche, au bord de la route, je rencontre des places rondes, sortes de tonsures, où les arbres sont remplacés par ces tristes roseaux dont j'ai déjà parlé à propos de Beyla et du déboisement étrange, total, de toute sa région... Là-bas, en mars, je n'avais guère vu, des roseaux, que leurs squelettes fins, ou leurs cendres, laissés par les incendies de la saison sèche, janvier-février ; ici, après les premières pluies, je trouve la même plante sous la forme d'une herbe lourde, tapissant le sol uniformément, à la manière d'une céréale. Là où les cultivateurs veulent utiliser le terrain qu'elle a envahi, ils l'arrachent et la font pourrir en la tassant en petites meules.

M'Baizia.

Un caravansérail très propre et planté, chose rare, de quelques arbres dans l'ombre épaisse desquels je m'installe pour la journée. La terre battue, récemment mouillée, ne produit pas ici, à midi, cette réverbération qui me forçait, au Soudan, à demeurer plusieurs heures par jour dans ma case close. Je me suis donc assise sur un pliant comme dans un jardin de France pour déjeuner d'abord, puis pour coudre. Je suis bientôt troublée dans cette occupation par la pantomime de quatre vieilles femmes qui sont mes balayeuses et porteuses d'eau. Torse nu, leurs vieux seins ballants, elles se sont mises à danser devant moi, toutes les quatres rangées en ligne, et du même geste rythmique elles étirent les mèches laineuses de leurs cheveux gris. Puis toutes à la fois, toujours en dansant, elles tendent leurs bras vers l'étoffe bleue à pois blancs que je taille à destination d'un coussin. J'ai déjà compris le sens du ballet, mais je suis, en amateur, leur troisième geste qui ramène leurs mains à la tête pour y nouer fictivement mon indienne convoitée. Je prends alors l'étoffe et je feins de la disposer sur ma tête. Elles rient, frappent des mains et trépignent de satisfaction comme de toutes petites filles. J'appelle Mamady et leur fais dire que les quatre mouchoirs que l'on pourrait tirer de mon tissu rectangulaire seraient si petits qu'il ne pourraient ceindre leurs fronts...

Elles délèguent l'une d'entre elles que j'invite à s'approcher. L'envoyée salue, puis d'un geste net, après avoir plié en deux le rectangle long que j'étale, elle indique de l'ongle sur chacun des carrés qu'elle a ainsi formés les diagonales que doivent tracer mes ciseaux. Cela fera les quatre triangles qu'elles ambitionnent à défaut de mouchoirs.

Mes ballerines dansent maintenant de plus belle en me voyant couper l'étoffe selon leurs vœux, et quand elles voient que je l'ourle, elles trépignent de nouveau, se jettent à mes pieds en criant « barka ! » tandis que de leurs coudes elles frappent la terre en forme solennelle de remerciement.

J'admire qu'en de vieilles femmes réside la faculté d'un tel enthousiasme ! Est-il possible qu'un demi-mouchoir cause le déploiement du cérémonial que je vois? On penserait plutôt, de ces exaltées, de quatre condamnées hier, à mort, que j'aurais sauvées à l'instant.

20 *avril.*

Entre M'Baizia et Bofosso, je pense à la forêt, comme devant de prestigieuses ruines j'évoquerais la vie des cités disparues. Les grands arbres noirs, peut-être millénaires, qui étalent leurs branches horizontalement ainsi que font les cèdres, sont devenus si rares par ici, qu'ils m'impressionnent autant que des monuments de grand style échappés à la malfaisance des guerriers et des ignorants. A Bofosso même, sur l'emplacement du poste français abandonné, je suis entourée de si beaux vestiges sylvestres que mes minutes deviennent très luxueuses. Ma résidence elle-même est émouvante. Ancienne demeure de l'administrateur, plusieurs fois brûlée par la foudre, dit-on, et reconstruite sur un petit coteau, elle tombe à présent en ruine. Il y pleut à travers la paille, et les gros piliers de bois qui soutiennent la véranda sont intérieurement mangés par les termites : au heurt des doigts ils rendent des sonorités variées et profondes ; entre les marches disjointes, des serpents doivent loger dans les trous mal masqués par l'herbe. Au dehors, les citronniers, les orangers, les hibiscus, les flamboyants, les bougainvilléas, don les Français s'étaient entourés de très près, sont noyés dans des flots d'anonymes verdures, et ce n'est, je crois bien, que par prédilection pour ma qualité d'étrangère que tous ces exotiques se sont mis à accrocher aujourd'hui au sévère mur végétal tant de leurs fleurs et de leurs fruits flambants comme des girandoles.

Tornade habituelle à deux heures après midi. Eclairs violets et violents ; pluie de grosses opales. Vais-je mourir brûlée ou ensevelie? Pour moi, mourir ici ne serait pas plus triste que d'en partir. Je n'ai jamais vu tomber d'aucun ciel, d'aussi jolie lumière, d'aussi jolie pluie, d'aussi jolis feux, pendant un orage ; ni après un orage pleuvoir autant d'oiseaux, autant de chants d'oiseaux aussi vifs de teinte, et de sons aussi frais. Presque à portée de ma main s'agite un pigeon vert pomme, brodé de vermillon au bec et aux yeux; un merle métallique fleurit rapidement de bleu de hautes branches ; de plus petits oiseaux carmin, jaunes, noirs, se glissent dans les feuilles ; et sur le sol choient de temps en temps de grosses tourterelles brunes dont le roucoulement rappelle le glouglou des alcarazas qu'on remplit ou qu'on vide.

De la petite esplanade qui règne devant ma maison j'ai fait ce soir deux aquarelles avec beaucoup d'émotion... trop même ; je ne sais plus comment j'ai peint ni ce que j'ai peint. Un artiste, dans son bon sens, sait qu'il a fixé un plan à un plan, un volume à un autre. S'il lui arrive d'oublier les noms des formes qui l'arrêtèrent, il se rappelle leurs relations et leur nature. Il sait que la terre est solide, lourde, et que sur son sein anguleux sont strictement enchaînés les objets par leur poids et leurs proportions.

Mais cet après-midi j'étais si chavirée, si grisée par mon ambiance que je n'ai pu, comme tout peintre avant la séance, recommander mon âme à Cézanne. Et je n'ai lié rien à rien, du moins que je sache. Mes sens avec mon œil se sont précipités dans je ne sais quels tourbillons de joie. J'ai travaillé comme un faux-bourdon culbute dans des corolles.

De terrains rudes, d'arbres nerveux, je n'en ai pas vus, et je reste persuadée que le caractère, les traits des objets que j'ai regardés sont de n'avoir pas de traits reconnus. Tous les paysages lisibles, tous les paysages humains sont faits d'équilibres dépendant du sol, de ce sol qui nous porte ; mais Bofosso n'est pas un paysage humain, la terre y est rose, envolée, fumeuse, comme un ciel d'aurore ; les arbres bleu et or y sont changeants et flous comme des queues de paon. Entre la terre aérienne et le ciel pâle, la montagne boisée est comme un vol d'oiseaux. Le vol d'oiseaux est comme une île bleue endormie entre l'aube et le soleil couchant.

21 *avril.*

Dans les régions montagneuses de France, lorsqu'on quitte les sommets les plus élevés pour de moindres altitudes, on échange généralement l'austérité de la pierre et du roc pour la joliesse des pentes boisées ou plantées d'arbres de rapport. Ici, c'est le contraire : nous descendons chaque fois d'une cime plus élevée et plus chevelue pour en gravir une autre moins élevée et plus dépourvue de végétation. En approchant de l'étape, de Soulakolo, on ne rencontre plus sur les crêtes que quelques palmiers aux troncs noircis, aux feuilles rousses, rares rescapés d'incendie. Trois, vus en silhouette rapprochée et palmes en croix, évoquent dans le triste site le crucifiement de Jésus entre les voleurs.

Soulakolo.

Des cases bien tassées ainsi que les cellules d'un bourg provençal, s'enveloppent d'un étroit lambeau d'antique forêt sauvegardée dans toutes ses essences et toutes ses lianes enchevêtrées. Un temple végétal auquel on n'accède que par un couloir : l'étroit sentier bordé de kolatiers sacrés. Hors de ce temple, plus un arbre ! Des étendues de riz et de roseaux. Tous les villages kissiens sont conçus ainsi, car leurs habitants sont des gens pareils à ces Bretons de chez nous qui errent de jour sur la mer, les plages, les landes infinies, et ne sauraient respirer la nuit que dans une alcôve.

Nous retrouvons la femme de Mamady qu'il a quittée depuis six jours, et moi depuis trois mois. Elle est toujours aussi grasse et aussi bien élevée. Elle s'est présentée à nous modestement, les yeux baissés, appuyée sur l'épaule d'une femme malinké, une femme de sa race, qu'elle a eu la chance de trouver ici. On dirait une esclave que celle-ci nous amènerait. J'ai demandé à son mari ces jours derniers, quand je l'ai revu, s'il avait des chances pour une prochaine paternité. Comment connaîtrait-il ces chances? Quels en sont les indices? Les hommes ne peuvent s'entretenir avec les femmes là-dessus. Un tabou l'interdit. Je ne peux m'empêcher de lui dire qu'avec ce mystère il doit être bien difficile aux hommes de ce pays-ci de savoir quand le fils de leur femme est leur fils. Il me répond que chaque année, selon la coutume, les maris demandent à leurs femmes si elles ont pris un amant et elles sont obligées d'avouer cet amant si elles l'ont pris et de le nommer, de peur de mourir dans l'année suivante. Bien des maris font alors leur profit de cet aveu pour réclamer de bonnes rançons. Dans le conflit des sexes, plaie sociale, plaie entretenue par les dirigeants, chaque adversaire a cependant des armes, quoique inégales. Mamady prétend ne pas vouloir user des siennes.

— Moi, dit-il, si je retourne me placer boy encore à Paris je vais laisser ma femme tranquille pour choisir un garçon. Même si elle ne veut pas prendre mon frère qui doit la garder, elle s'arrangera avec un autre homme jusqu'à moi revenu. Je ne dirai rien du tout. Il n'y a de mauvais que la femme qui divorce.

Mara, mon autre boy, cousin de Mamady, a une conception semblable des devoirs conjugaux. Après m'avoir, à Soulakolo, présenté sa femme et quelques parents, il me présente un tout jeune garçon, tout en m'expliquant : « Si je vais faire le boy à Paris avec mon cousin, je donne ma femme à ce garçon-là. Mon frère, le chef de village, a trop de femmes déjà. Mais ce garçon-là est très bon, il n'est pas marié encore ; il s'occupera bien d'elle. Moi, depuis deux ans que je suis ici démobilisé, je n'ai pas gagné de petit avec elle, lui peut-être qu'il gagnera. S'il gagne, j'apporterai un beau cadeau quand je reviendrai et je paierai le prix aussi pour la nourriture de ma femme. »

Tout comme aux parents de Mara, j'ai offert un petit présent, une pipe, à son associé bénévole et j'ai songé aux époques où un garçon épousait avec une fille toutes ses sœurs, tandis qu'une fille unique épousait réciproquement avec un garçon tous ses frères ; la polygamie et la polyandrie étaient alors des moyens de remédier à l'inégalité numérique des sexes. J'admire que chez les Kissiens, peuple d'agriculteurs, humble peuple plusieurs fois vaincu, des usages naïfs persistent encore. Leurs vainqueurs, — les Européens et les Malinké musulmans, — leur communiqueront bientôt leurs manies de jaloux propriétaires d'épouses.

22 avril.

Je remonte vers la frontière du Libéria, vers le sud et la fraîcheur, vers Guéckédou. Les premières vallées remontées, étroites et verdoyantes, sont descendues par de charmantes petites rivières très ombragées. Il y a des endroits en France, dans la Creuse notamment, où les plis serrés des terrains ressemblent l'été à ceux que je rencontre, et cela me surprend comme un brusque réveil, d'entendre un chef me prier ainsi, par l'intermédiaire de Mara :

— Les hommes et les femmes de mon village, qui est un peu plus haut, n'ont pas encore vu de Madame blanche ; ils seraient bien contents si vous vouliez rester un mois ou davantage avec eux, ils vous nourriraient bien.

Rester un mois là-haut? Dans ce village kissien perdu, dont je ne vois que les verdures qui m'enfermeraient hermétiquement comme les cocons enferment leurs hôtes? Nourrie de riz moi-même exclusivement, quelle vie sévère je pourrais vivre et découvrir là !

Faut-il licencier les porteurs? prévenir le poste? Hélas ! détraquer le jeu régulier de la machine administrative qui m'a gentiment amenée ici, ce ne serait pas m'arrêter un mois, ce serait provoquer une panne de trois mois ou plus. Qu'un accident me contraigne à ce sort, j'en serais ravie; le choisir c'est presque un suicide. Certes les Kissiens ne me persécuteraient pas, ne me tueraient pas. Je ne mourrais pas de famine, ni de coups, ni de peur pour moi-même ; je serais choyée. Mais peut-être mourrais-je de peur pour eux, d'affres mystiques. Sous le dais gracieux des arbres, les gens d'ici ne ressemblent pas du tout à leurs cabris lâchés dans les herbes. Leurs pas, leurs gestes, leurs regards ne leur appartiennent pas comme à moi ou comme aux bêtes. Les obligations des totems, les interdictions des tabous se sont emparées de leurs nerfs et oppriment leur vie matérielle et psychique. Un homme ne prend pas ce sentier de femmes, une femme ne regarde pas ce visage du fétiche un neveu ne cueille pas les kolas de l'oncle, un fils de la perdrix ne doit pas la voir, personne ne touche le parent du mort.

C'est en vain, je le crains, que chaque matin, si j'étais leur invitée, je verrais aller et venir ces hommes, ces femmes, ces petits enfants si sages. A observer leurs gestes collectivement enchaînés, la solennité du temple végétal aidant, je les croirais à l'office... Or je ne suis jamais restée au sein d'une église plus de quelques moments. Je pleurerais si l'on m'y enfermait une journée. On m'y trouverait morte, même nourrie, bien avant trois mois !

Du 22 au 25 avril.

De Soulakolo à Guéckédou, par Yéradou, Simbé et dix autres villages : trois jours de très longues marches.

De chaque côté de la route, je vois, pour la première fois en Afrique, de vraies étendues de champs cultivés. C'est juste le moment des semailles de riz. Dans des terres noires, des piocheurs noirs et nus œuvrent avec une singulière vitesse. On voit qu'ils œuvrent une fois pour toutes, avec chaleur, comme à la tâche. Rien ici de cette lenteur du geste, de ce scepticisme de l'œil de nos paysans. Les hommes que je vois « enlèvent » les semailles comme certains, chez nous, accomplissent avec excitation les rites de la mondaine cérémonie du mariage.

Sous la route même, échelonnés, une jolie collection de chefs, venus à ma rencontre avec leur suite. Si celle-ci n'était pas nue ou presque, je me croirais revenue à Kankan. En cette région du pays kissien créée par les intrigues qui divisent la population, les chefs de provinces rivaux pullulent. Certains d'entre eux qui se sont alliés, ont vu dans mon passage une occasion de se faire recommander en haut lieu au gouverneur, au ministre, par-dessus la tête de leur administrateur, et me voilà redevenue entre leurs mains un objet de chance. Le jeu des alliés est d'éviter que ce blanc fétiche ne vienne à tomber dans les mains des autres chefs, leurs rivaux, qui bénéficieraient dès lors de l'influence qu'ils me supposent. La règle de leur jeu est de faire la chaîne avec les leurs, de place en place, pour m'escamoter, de se gagner mes porteurs, mes boys, en leur substituant des porteurs bénévoles, de m'accabler de tam-tams, de poulets, d'acclamations violentes et de vin de palme doux, tandis qu'ils dénigrent en sourdine leurs ennemis auprès de moi par le moyen d'interprètes aussi bénévoles. L'un de ceux-ci m'apprend que tel chef rival aurait, pendant la guerre, fait une fugue jusqu'au Libéria, après avoir commis un crime et enterré secrètement dix mille guinzés retrouvés par lui depuis son retour. Un autre, trop intempérant, aurait, après des libations de banghi, fait pendre par les pieds une de ses femmes ; un autre, bien plus grand criminel, aurait, par vengeance, fait déshabiller un de ses parents de sa ceinture étroite, par suite de quoi toutes les femmes auraient connu « son chose » et un éternel déshonneur. En revanche, toujours d'après lui, tous les chefs qui m'accompagnent ainsi que leurs parents sont des gens de bien, et entre autres actes méritoires qu'ils accomplissent, il me montre auprès de leurs villages de petites plantations de manguiers, de caféiers, de cacoyers, de mandariniers qu'ils ont créées pour plaire aux Français et fait soigner à très grand'peine par leurs sujets récalcitrants. Décidément, en toutes les contrées d'Europe ou d'ici, les populations indigènes ne considèrent pas les innovations agricoles des gouvernements comme un bienfait, mais tout au contraire comme une insulte à leur expérience, à leurs traditions, ou encore comme une épreuve de leur loyalisme ou zèle d'obéissance.

Deux chefs pittoresques : Bakila, Kolomba, Le premier a grand air. Raide, drapé verticalement, le masque impassible, il a l'air d'un pasteur de foule, d'un évêque, avec son bonnet haut qui évoque une mitre, et sa longue lance appuyée, plantée au sol ainsi qu'une tige de crosse. D'un large geste sur ses champs, il a ramassé tous les hommes nus, acharnés à la culture, et les a lancés contre mes porteurs dont ils prennent d'assaut et emportent les charges, moi comprise. Au village, quand je lui demande, en mettant pied à terre, des renseignements sur la précédente récolte de riz, il me prie de passer en revue les musculatures de ses administrés pour juger moi-même de ce que fut leur alimentation. Leur ceinture à peine de quatre doigts, leur seul vêtement, ne me gêne pas, évidemment, pour apprécier les formes parfaitement pleines des soldats de mon bataillon, vite déployé en haie. Je félicite le grand chef avec un sourire. Alors les inspectés poussent à l'unisson en l'honneur de leur général féminin un violent hourrah que Bakila, prudent, sait arrêter sec. Il manœuvre bien.

Kolomba est doux, on dit que c'est sa mère qui l'a éduqué et que c'est pour cela qu'il a des manières plus féminines et plus de légèreté. Quand il a satisfait aux présentations des parents et aux cadeaux d'usage, il revient me faire une autre visite moins cérémonieuse avec deux suivants portant le miel et le banghi le plus mousseux qu'il ait pu trouver. Lorsque la calebasse qui contient le vin est posée devant moi, à terre, le chef la soulève et avant de me la tendre y trempe ses lèvres ainsi qu'il est encore d'usage de le faire dans ce pays d'intrigues où sans doute les empoisonneurs abondent ainsi que chez nous au grand siècle. Je vais prendre la «coupe» à mon tour lorsque, soudain, Kolomba la repose : il vient d'y observer un petit moucheron. Il s'accroupit auprès, puis saisit par terre une paille, la première venue, hélas ! entre toutes celles que foulèrent depuis longtemps les pas des gens et des bêtes, et, délicatement, oh ! très délicatement, il repêche le frêle insecte.

Une nuit, un incident. Le caravansérail où je suis installée est si peu fréquenté par les européens que depuis plusieurs mois ou plusieurs années les bœufs très souvent, l'hiver, les y remplacent pour s'y abriter. A mon arrivée on les a chassés, on a balayé les cours et les cases, on a crépi de boue fraîche les murs et le sol. Tout semble en ordre quand je m'endors, mais pendant la nuit, l'orage rappelle aux bêtes leur gîte habituel. Le bœuf qui me réveille en entrant dans ma case a dû être pris d'une frayeur atroce en m'y trouvant, car, en tournant sur lui-même avant de fuir, il se soulage et cela éclabousse ma moustiquaire et le bord de mon oreiller.

GUÉCKÉDOU. — *Du 25 avril au 3 mai.*

Chaque matin par un sentier abrupt bordé de bananiers, qui s'ouvre devant ma case, je descends en quelques instants sur le bord de la rivière. Je m'y installe à l'ombre, assise sur mon pliant, mon bloc sur mes genoux, en vue d'un petit banc de rochers qui sert tour à tour, aux blanchisseuses, de banc à laver, et de débarcadère aux baigneuses. Ce sont d'ailleurs les mêmes personnes qui, après avoir sonné, battu et rincé leur linge, se savonnent elles-mêmes des pieds à la tête et vont se rincer par une nage frénétique, une danse plutôt, au milieu du courant.

Dans les petits villages kissiens que j'ai déjà traversés les mœurs sont sévères. Je l'ai déjà dit : les sexes, les âges, les castes sont triés avec soin ; les tabous et leurs sanctions veillent à l'ordre. Mais dans un chef-lieu de cercle militaire comme Guéckédou, les suggestions, les peurs les plus fortes se sont allégées. On ne saurait avoir à la fois toutes les vertus et toutes les obéissances, et les conquérants lointains, blancs et noirs, ont bien quelquefois autant de force de persuasion que les plus proches parents défunts. Or, il est arrivé que les tirailleurs soudanais et leurs supérieurs européens ont mis à mal certaines traditions kissiennes des plus sacrées et les Kissiens n'en sont pas morts ; ils ont violé aussi beaucoup de filles indigènes et elles n'en sont pas toutes mortes ; et puis des étrangères, qui ont suivi les tirailleurs à travers vingt camps et mille coutumes plus ou moins altérées et qui n'en sont pas mortes non plus, sont venues s'ajouter aux indigènes perverties pour constituer un petit monde féminin noir qui ne paraît pas tellement étonné de vivre et d'être heureux sans vertus.

28 *avril.*

Ce matin, de mon nid d'ombre, je vois une belle fille se déshabiller toute aux côtés d'un tirailleur-ordonnance qui frotte avec application le linge de son lieutenant. Il n'est pas venu là pour elle ; il est bien venu pour sa corvée de linge. De sept à neuf, je l'ai remarqué, les ordonnances viennent profiter de la belle roche émergée. Les femmes viennent de neuf à onze ; telle est la donnée protocolaire. C'est la belle fille qui a tort ; mais elle s'en moque princièrement. Sans doute est-elle la maîtresse, la « mousso » d'un Français et peu lui importe que son impudeur torture son humble voisin.

Dressée, cambrée, puis renversée à portée d'un geste de celui-ci, elle se caresse ou plutôt s'amuse naïvement à se couvrir le corps tout entier, bien régulièrement, de la mousse de son savon, jusqu'à ce qu'elle se voie toute blanche; alors elle se jette dans l'eau comme un jeune phoque, plonge, remonte, puis se met à rythmer, en frappant l'eau des mains, quelques mesures de la danse que ses pas marqueront ce soir sur la terre ferme. Le tirailleur ne l'a pas regardée une seule fois, il n'a pas dit un mot, et il est parti tandis qu'elle danse, — ou nage, — éperdument.

Il arrive toujours un moment, vers dix heures et demie, où toutes les femmes réunies sur l'étroit promontoire poli par leurs pieds nus, se touchent presque. Cela forme un gracieux bouquet de nudités ou de demi-nudités de toutes les nuances : de l'or au violet et au noir. Bouquet d'iris rares qui fait honneur à ceux qui les cueillirent... à peu de frais peut-être : les officiers et sous-officiers, l'interprète noir, les Dioula...

Ce qui me frappe autant que l'élégance et la hauteur de ces « poules » noires est leur pratique artistique de la natation. Isolément ou en groupes, toutes ces femmes frappent l'eau rythmiquement de leurs mains, de leurs jambes, ainsi que je l'ai dit plus haut à propos de l'une d'entre elles. Point d'ébats désordonnés, point de fous ni de faux gestes. Autour des bustes et des flancs noirs, bien régulièrement selon le choc des mains, monte, comme des flots de dentelles, l'eau travaillée. J'assiste simplement à un tam-tam aquatique, à un petit ballet nègre en tutu d'écume. Les nègres ou négresses décidément ont bien plus de peine que nous à animaliser leurs gestes. Même échappées à leurs prisons sociales, ces franches hétaïres restent encore esclaves de la discipline de l'art. Les bacchanales ne sont que grecques.

29 *avril.*

J'ai consacré une matinée à l'étude des petites filles. Il y en a toujours sur le même rocher, tard dans la matinée surtout, de toutes les tailles. Dès qu'elles savent se tenir debout, elles travaillent. Je me demande comment des enfants aussi petites peuvent être aussi sages. C'est là le côté le plus effrayant de la vie nègre. Je me rappelle l'ébat furieux, le plus souvent solitaire, de mon enfance de cinq à dix ans. Je sautais, courais et me roulais dans l'herbe comme un chien. Ici aucune enfant ne parle, ni ne s'amuse. Toutes méditent ou sacrifient à des tâches, tels des anges. J'en remarque trois aujourd'hui qui sont venues en retard : toutes les places sur le joli cap sont déjà prises. Elles sont les plus petites des arrivées : elles passeront les dernières sans récriminer. Deux surtout ont encore les mains très potelées, les mollets courts, le cou minuscule des bébés. Mais autant que celle de leurs plus grandes sœurs, leur chevelure est déjà travaillée. Trois petites crêtes longitudinales de cheveux tirés se terminent postérieurement par des tressettes fines comme des aigrettes. Entre ces longs îlots chevelus brille leur crâne rond, soigneusement tondu. Elles ne portent que la ceinture d'un rang de grosses perles bleu de roi où se suspend, devant et derrière, le très étroit petit tablier, bleu aussi, qui flotte du pubis aux genoux. Les trois mignonnes petites femmes sont très bien élevées. Descendues ensemble, elles se sont aidées réciproquement à décharger leur tête de leurs calebasses, puis se sont assises un peu à l'écart et ne bougent plus. Elles attendent, attentives à tous les gestes de leurs aînées. Elle regardent tout le monde, et personne ne les regarde, ce doit bien être pour cela qu'elles sont si grandes personnes quoique petites. Lorsque la place est libre enfin, elles s'installent à leur tour toutes trois sur la belle roche ; en même temps que leurs pagnes personnels, elles savonnent les boubous de leurs petits frères. Dans la mousse qu'elles font je vois rouler un peu mollement leurs poings noirs. Mais tout à coup elles plient l'étoffe, l'élèvent au bout de leurs bras par-dessus leur tête et, le corps penché, d'un brusque coup de reins, elles le précipitent sur la roche polie ; c'est le coup de battoir savamment remplacé. Elles le recommencent dix fois pour chaque pièce, comme font leurs mères.

Il est midi. Elles sont rentrées à l'exception d'une, la plus petite, qui vient seulement d'achever sa tâche : son linge rincé et tordu est placé au fond de sa calebasse et voilà qu'elle a bien de la peine à se charger seule. Une enfant de chez nous ainsi abandonnée ferait des faux pas et tomberait dans la rivière ; mais celle-ci est si sérieuse ! Elle m'intimide ; je n'ose même pas aller l'aider. Elle parvient bientôt à charger sa tête, mais les bras élevés pour maintenir l'aplomb, voilà qu'elle ne peut gravir le talus abrupt et glissant où personne n'a même ébauché des marches à l'intention des petites filles. Je vois l'instant où la pauvrette va tomber avec son linge et le resalir. Sa figure exprime l'angoisse, mais aussi la résolution. Elle est trop délicieuse à regarder pour que j'intervienne. Elle recule un peu tout d'abord, puis reste immobile un moment comme pour rassembler son courage. En dépit de ses reins et de son cou, trop mous, voici l'équilibre qui naît ; il s'affirme, elle triomphe ; ses petits pieds nus se sont agrippés à de rares herbes et elle atteint la sente. Elle va arriver là-haut, chez sa mère, très fière d'elle-même autant qu'élégamment couronnée de sa charge, en petite reine ; seulement elle ne sera pas admirée, applaudie en cabotine, comme les enfants de chez nous.

1er *mai.*

Non loin de ma case se trouve une petite butte sur laquelle est construit le village des Dioula soudanais, marchands de bœufs. C'est de sa cime, parmi les troupeaux, que j'ai dessiné au sud les monts libériens qui se dressent de l'autre côté de la rivière. Depuis Macenta j'entends tenir, sur la voisine république, par les Blancs et par les Noirs, des propos contradictoires. « Le Libéria est un repaire de bandits... Le Libéria est un bon marché colonial...Le commissaire noir X... est mon ami... Tous les commissaires noirs sont des crapules... Les Américains blancs sont des assassins... La bonne vie pour un Toma est d'en passer la moitié en Guinée et la moitié au Libéria... etc. »

J'avais des notions sur le Libéria quand j'étais en France. On m'avait toujours cité cet état comme un exemple de l'impuissance nègre à organiser et civiliser un pays quelconque par nos méthodes. A Conakry des voyageurs m'ont appris à distinguer entre l'administration excellente de la côte et l'administration pillarde de la haute brousse libérienne. Ici j'ai tout désappris sur l'État nègre, sinon que les montagnes qui ornent sa frontière sont si roses et si vertes, si semblables aussi à nos chères montagnes de l'Estérel que j'ai bien de la peine, devant elles, à me croire aussi loin de ma bastide provençale que la carte cherche à me l'insinuer.

J'ai visité les quatre femmes de l'interprète qui est malinké. L'une est sa compatriote, deux sont kissiennes, une autre soussou. Leurs formes sont alourdies par plusieurs maternités, mais elles ont de beaux visages.

J'ai parlé esthétique avec elles par l'intermédiaire d'un jeune garçon qui fréquente l'école. Elles m'ont complimenté sur ma robe, j'ai loué leurs pagnes, leurs coiffures, leurs bijoux, qu'on admirerait à Paris. Cependant je leur ai fait observer que chez mes compatriotes la mode veut qu'on porte les seins beaucoup moins longs. Elles ont bien ri. L'une, la femme soussou a ramassé à pleines mains ses mamelles particulièrement étirées et de sa place, où elle triait du riz, elle les a tendues vers moi en disant :

— Alors vous ne trouvez pas ça joli, en France?

Je lui ai répondu que je n'avais pas d'opinion personnelle puisque, pour la poitrine de leur mère, ce sont les enfants qui décident de la mode. Les enfants noirs trouvent jolis les seins qui sont longs comme des bouteilles ; mais les petits blancs qui boivent le lait aux bouteilles de verre n'ont pas besoin de seins longs.

Ces femmes sont les quatre épouses légitimes de l'interprète musulman, c'est elles que la femme du capitaine, administrateur du cercle, visite et instruit en puériculture. Elle leur a appris à faire pour leurs enfants des bouillies de riz ou de fonio sans graisse... Mais l'interprète a bien d'autres femmes plus jeunes et plus jolies dans d'autres maisons et dans des villages plus ou moins éloignés. Je félicite ce mari de pouvoir posséder en paix une pareille collection d'agréables personnes :

— En France, lui dis-je, les femmes sont trop jalouses et l'on ne pourrait sans soucis graves, en épouser autant, tandis que les femmes noires s'entendent, m'a-t-on dit, très bien...

— Ceux qui vous ont dit que les épouses noires s'entendent, ne les connaissent pas !

— Mais si, les fonctionnaires blancs qui m'ont dit cela, ont plusieurs maîtresses, plusieurs « mousso » noires...

— Ils ne connaissent que de jeunes personnes insouciantes et vaniteuses. Moi, je peux vous parler mieux qu'eux des femmes noires, des vraies femmes aux sens éveillés, je les connais bien, et je vous assure qu'elles sont encore plus jalouses que les blanches.

Dans son amertume, ce mari noir oublie qu'il s'octroie, sans titres suffisants, de la compétence en jalousie blanche, alors qu'il vient de refuser aux blancs la compétence inverse.

SOUMOUDOU. — 3 *mai.*

Nous avons quitté Guéckédou hier matin suivis par une petite fille de neuf à dix ans. Mes porteurs l'aperçurent derrière lorsqu'ils avaient déjà parcouru quelques kilomètres. Ils crurent d'abord qu'elle se rendait à l'un des premiers villages que nous rencontrerions et ils ne m'en parlèrent pas. Mais à Sangbouléni où j'ai déjeuné, Mara m'a signalé sa présence à une centaine de mètres en amont de notre course. Tant que les hommes avaient marché, elle avait marché elle-même, couru derrière eux, mais dès qu'ils s'étaient arrêtés elle s'était arrêtée aussi et cachée derrière un buisson. Une pareille course, sans manger depuis le matin, doit l'avoir fatiguée. Je l'envois chercher, lui faisant promettre ma protection, de la nourriture et un abri.

Je suis tout de suite ravie de son arrivée, conquise par sa présence qu'elle m'accorde sans la moindre difficulté. Elle m'offre précisément le type que j'admire tant : étroite de hanches, fine d'attaches, le front bombé, les yeux un peu obliques et saillants. Elle porte pour toute parure celle que j'ai déjà décrite un peu plus haut : la ceinture d'un rang de grosses perles et le tablier égyptien de quelques centimètres de large, couleur indigo ; comme coiffure, la triple crête fine en cheveux tressés, terminée par des nattes raides et menues. Sa peau, d'une tonalité dominante brun violet, achève d'en faire à mes yeux un objet d'art accompli ; mais c'est aussi un gracieux animal bien apprivoisé, et, en outre, une petite personne très discrète. Je l'ai amenée dans ma case et elle s'y plaît. J'ai le plaisir de partager avec elle mon poulet, mon assiettée de riz et mes bananes ; elle se laisse soigner comme un chat. Elle ne demande rien, elle ne s'agite pas ; c'est seulement lorsque je lui offre quelque chose qu'elle sourit un peu en le prenant. Après-midi, je l'ai emmenée par la main et elle m'a suivie sans hésiter : c'est bien agréable. Ce qui m'excède d'ordinaire dans mes relations avec les enfants de nos pays d'Europe, c'est que je me crois obligée de leur parler et d'être spirituelle. Ici comme je ne connais pas la langue, je n'ai rien à dire et cela marche infiniment mieux, je voudrais même que cela marche toujours.....

Aux questions que Mara lui a posées, l'enfant a répondu qu'elle était boyesse chez une parente, femme de l'écrivain du poste, laquelle la battait ; c'est pourquoi elle veut retourner à Kankan chez son père. Je songe donc qu'elle va rester ma compagne jusqu'à Kissidougou, où je me rends, et que là je la confierai à la femme de Mamady Koné qui la ramènera à Kankan. Comme tout s'arrange bien ainsi !

Le soir, je lui ai donné ma plus belle couverture mossi pour s'envelopper et dormir sur ma natte auprès de mon lit et je suis allée me promener au clair de lune. J'ai fait une aquarelle à la lueur de cet astre ; puis, dans le sous-bois où je me suis enfoncée, je me suis bien amusée à faire jaillir de l'herbe, du bout de ma bottine, autant de lucioles, autant d'étincelles que de gouttes d'eau ; après quoi je suis rentrée pour retrouver ma petite amie et mon lit. Je n'ai d'abord vu, au milieu de ma case, que ma belle couverture bleu sombre étendue régulièrement dans sa forme rectangulaire. J'aurais pu la fouler comme un tapis, ou la ramasser, si je n'avais été prévenue ; mais, à la lueur de la lampe, je perçois, juste en son milieu, un renflement qui bouge de manière imperceptible ; ainsi bougent, sous un duvet maternel, des laperaux nouveau-nés. Ma petite conquête respire là-dessous. Avant de m'endormir, je songe à une proposition que l'interprète de Guéckédou m'a faite de me confier une de ses filles pour la faire instruire à Paris. Je serais sa correspondante, proposition qui ne me paraît plus absurde depuis que je vois de près sa petite compatriote. Et si celle-ci, — même dans le cas où son père touché de mes soins me la confierait, — voulait me suivre...

Je m'endors, nouvelle Perrette, évoquant ce que serait ma fortune en France si je ramenais le beau bibelot à polir et à orner, selon nos modes, lorsque je suis réveillée en sursaut par des heurts à mon seuil. On vient de Guéckédou pour chercher l'enfant... C'est le pot au lait qui se casse ! Il me faut cependant l'évidence de la réclamation écrite et signée par l'expéditionnaire indigène du poste, pour que j'accepte ma déception...

4 *mai.*

Ce matin, triste réveil de la petite ; dès qu'elle a aperçu les deux envoyés, deux garçons qu'elle reconnaît, elle se met à pleurer silencieusement, elle a compris. Adieu l'illusion de la fuite, de la liberté ! Bientôt sa petite poitrine se gonfle tant, tant, que sa peau tendue en devient transparente et ambrée, et puis les sanglots la secouent, la secouent, à lui faire perdre son équilibre. Je lui ai donné un collier et des piécettes de dix sous ; cela embarrasse ses mains, les jeunes garçons qui attendent là-bas discrètement la fin de la crise, les lui garderont ; mais peu lui importent mes cadeaux et les paroles réconfortantes que je lui fais traduire ; peu lui importe même la lettre que je viens d'écrire au poste pour la recommander à la femme du capitaine. Qu'est tout cela? Son beau rêve est tel maintenant qu'un oiseau dont la tête serait coupée ! Il avait de si fortes ailes, cet oiseau bleu, qu'arrêtées dans leur élan elles palpitent encore dans la petite poitrine, et envoient, je ne sais comment, de l'eau, simultanément, hors des paupières de l'enfant et des miennes.

Bamba.

A Bamako, à Conakry, j'avais aperçu des enterrements musulmans. J'avais vu la dépouille d'un fidèle passer d'épaules en épaules, route aérienne courue sur la foule vers le lieu de l'inhumation ; mais je n'avais pas encore vu d'enterrement chez les fétichistes. Ce matin, déjà, en traversant un village, j'ai su qu'un enfant nouveau-né avait été enterré la veille au bord de la route. Avant l'âge de trois ou quatre ans on estime que l'âme enfantine, encore très légère, peut préférer à la société humaine la société des feuilles, et on les place à faible profondeur au-dessous de celles-ci, mais assez près du passage des femmes, cependant, pour qu'ils puissent réintégrer un flanc si le désir leur en vient.

A Bamba, c'est un homme qui vient de mourir. Avant que d'arriver ici j'avais déjà aperçu, à travers les arbres, des femmes enduites de craie trempant un corps dans un marigot. Il est plus de midi à présent, le mort est déjà installé dans sa demeure définitive: le petit jardin public peuplé de pierres plates et ombragé d'arbres, ou le sous-sol de la case familiale même. Les femmes, qui crient depuis hier soir et que j'ai entendues hurler tout à l'heure avant l'inhumation, sont rassemblées maintenant à quelques pas de ma case, muettes et lasses, mais non encore démaquillées. Finie leur pantomime, qui dut être saisissante, elles figurent encore manifiquement la mort, et la douleur de la mort, avec des artifices autrement poignants que nos fleurs et nos crêpes et nos draps noirs aux larmes d'argent. Chez nous, le luxe funèbre n'est qu'un luxe ennuyeux, créé pour déprimer l'assistance ; mais ici c'est l'art de l'évocation. Les visages des pleureuses sont maculés de traits verticaux ici, horizontaux là, tracés avec la boue verte ou jaune des marécages ; les torses nus sont décorés de même à contre-sens des formes, pour annuler la vie ; les cheveux dénattés sont étirés en mèches raides et salies. On dirait de mes voisines jeunes ou vieilles, au nombre d'une vingtaine, d'une récolte de cadavres redressés là, mais sur quelques-uns desquels, en dérision, seraient peints de petits filets de sang. C'est en se jetant vingt fois sur le sol devant le défunt, parmi les pierres, que ces artistes se sont blessées, et, à travers le vert, le blanc jaunâtre de leur maquillage, le rouge tragique amène l'horreur à sa perfection. C'est suggestif comme les plus pures œuvres des primitifs italiens. Je pense à l' « Ensevelissement » du Pietro di Sano de Sienne ; et je pense aussi au théâtre de Sada Yacco.

5 *mai.*

Depuis que je suis dans le Kissi, je ne parle guère qu'agriculture, soit aux gens que je rencontre, soit à ceux qui me visitent à mon arrivée au village, puisque cela les intéresse passionnément, et cela seul. Parler aux gens que je rencontre est, je l'avoue, le cas le moins fréquent, car je ne rencontre presque personne par ici. Les Kissiens furent toujours des paysans aussi sédentaires que peu belliqueux et leurs voisins malinké, toma, puis français en abusèrent. Aussi le premier effet que produit généralement l'apparition de mon hamac au faîte de quelque colline, est de vider instantanément de leurs occupants tous les champs de culture en bordure des routes. Les chefs, ignorant mon passage et mon pacifisme, laissent leur peuple se livrer à des sauve-qui-peut désordonnés à travers la brousse, au grand amusement de mes porteurs, au mien, et au désespoir du brave Mara qui m'aurait souhaité des succès d'apôtre.

Cependant il m'est arrivé de surprendre et de questionner quelques jeunes gens que plus d'héroïsme ou de terreur avait maintenus à leur place, le daba (houe) en mains.

Descendant de hamac, je les faisais prier de me fournir, séance tenante, toutes les plantes avec lesquelles ils se trouvent en conflit ou en bonnes relations et de m'en indiquer les caractères à leur point de vue de cultivateurs. En portant leurs réponses sur le carnet inclus dans l'herbier, je suis arrivée à me faire une opinion sur le danger que courent les rizières en pays kissien. Outre l'espèce de chiendent qui s'y multiplie, l'envahissement des roseaux, aliment des incendies à longues flammes, hâte la disparition des herbes et arbrisseaux qui constituaient les jachères, seule fumure dans ce pays.

Donc, maintenant que j'atteins les derniers villages avant Kissidougou, je peux répondre aux chefs, gémissant de la décadence des récoltes, par l'ouverture de mon dossier bourré de pièces à conviction.

Mara prend sa revanche et me traduit, heureux, leurs félicitations :

— Voilà une madame française, disent les vieux notables très excités, qui vient pour la première fois ici et qui a trouvé le premier jour comment tout marche dans la brousse pour la culture. Aujourd'hui nous sommes bien malheureux, car nous avons si peu de riz que nous sommes forcés d'en acheter aux Toma pour apaiser notre faim. Il y a quinze ans, dix ans même, c'étaient les Toma qui nous achetaient le riz que nous avions en abondance. Mais si Madame-là elle est nommée bientôt comme administrateur, elle va empêcher les Kouranko, qui font les feux pour enfumer leurs abeilles, de nous envoyer l'incendie.

Depuis que ma réputation se répand, les Kissiens ont moins peur de moi. Souvent à l'étape, même à la halte, nous bavardons ensemble avant ou après-midi ; mais après cette heure-là nous rentrons chez nous et nous ne parlons plus. J'ai bien essayé quelquefois de rendre des visites de cinq à sept, comme en France, mais ça ne m'a pas réussi, car à ces heures-là, aucun des bons notables ne me reconnaissait plus. A partir de cinq ou six heures, mes amis kissiens ne reconnaissent plus que le vin de palme, et plus avant dans la soirée, ils prennent généralement leurs amis de la matinée pour leurs ennemis. Je dois dire cependant qu'ils ne m'ont pas accusée, du moins que je sache, d'avoir détruit leurs forêts, mais je les ai vus dans cet état-là se disputer entre eux et se battre et surtout pousser de grands cris. Je suppose que les indigènes du Kissi ne sont si prodigues de grandes clameurs en toutes occasions : deuils, ovations, fêtes, querelles, que parce que dans l'enceinte close que forme leur retraite cernée de hauts arbres, les voix s'enflent comme des sons d'orgue dans les cathédrales, et que le sens de l'ouïe s'en trouve très bien.

FOENDOU. — 6 *mai.*

Charmant village plein de hautes herbes, de serpents, de singes, d'une population aimable aussi mal tenue que le village, et d'enfants qui viennent s'accrocher à ma robe : les plus familiers que j'aie encore vus. Un village fait pour les peintres, on dirait par des peintres, et où je resterais plusieurs jours, mais il est ou semble si pauvre que j'aurais peur de l'affamer.

Dans ma case, pour toute l'après-midi, s'est installé un homme fort poli, vêtu d'un boubou propre à raies bleues et blanches et coiffé d'un bonnet kissien empesé aussi net qu'une cornette de religieuse. C'est, paraît-il, un frère du chef. Sur chacun de ses genoux, car je l'ai fait asseoir sur une chaise, il tient en équilibre un de ses enfants nus. J'ai le temps de lui emprunter, du bout du pinceau, sans qu'il s'en étonne, — Mara mon interprète est sorti —, une image, non de maternité, puisqu'il est un mâle, mais de paternité indigène. Toutefois sa présence me gêne un peu. Pourquoi reste-il immobile aussi longtemps, les yeux fixés sur les miens qui le regardent? Est-il venu m'admirer ou se faire admirer?

Peut-être, simplement, ne sait-il plus bouger parce que les petits s'endorment.

Les autres personnes sont très peu soignées et Mara m'assure que peu de gens ici songeraient à être élégants, même s'ils le pouvaient de peur de se faire exploiter. Chacun cache son riz, ses sous, ou ses guinzés de son mieux. C'est de la bonne tradition paysanne de chez nous.

A Baradou, où je passe pour voir la mission catholique, les Pères se plaignent des incendies de la brousse, de la cherté des transports, de la double ingratitude de leurs élèves indigènes et de l'administration française. Je ne les trouve pas assez accueillants, tandis que leurs proches voisins noirs le sont trop. Souffrant d'une migraine, je prie ceux-ci de réduire la durée du tam-tam qu'ils m'offrent. Les hommes cèdent à ma prière, mais rien ne peut venir à bout de l'ardeur chorégraphique des fillettes dont les battements de pieds ébranlent jusqu'à minuit les cases voisines de la mienne. Sur mon insistance Mara m'a traduit leurs chants tandis qu'elles dansaient encore, devant ma case, le joli tam-tam qui les déplaçait par groupes, un peu à la manière des personnages d'un quadrille. Une de leurs improvisations s'adressait à moi, la femme blanche, qui est grand roi et qui peut choisir son mari. Une autre invocation s'adressait à leurs mères ou à leurs grandes sœurs qu'elles conjuraient de ne pas leur donner un fiancé « trop petit » puisque déjà leurs seins poussent et que les grands garçons le voient bien.

Kissidougou. — 7 *mai.*

Trois villages forment le chef-lieu de cercle : deux sont découverts et visibles de loin, selon le mode malinké, le troisième est enveloppé d'un rideau d'arbres, selon le mode kissien.

Autour d'une grande place ronde, ornée de quelques kapokiers imposants, sont disposés les bâtiments des services administratifs et la résidence. Au milieu d'une autre place voisine ombragée, le double marché couvert est situé entre une boutique française et une syrienne.

Je suis entrée tout de suite chez le Syrien pour faire une emplette. Il est jeune et bavard et témoigne d'assez de gentillesse et de beaucoup de candeur :

— Ah ! vous écrivez ? me dit-il. Moi aussi. Je compose depuis mon arrivée un rapport sérieux pour mettre mes compatriotes au courant de la situation économique de la Guinée. Je les dissuade, le plus que je peux, de venir nous y retrouver. Ah ! j'ai eu déjà leurs réponses à mes premiers envois de notes ! Ils m'y traitent de mauvais frère qui ne veut pas partager la bonne galette avec eux. Ils sont injustes. La situation commerciale de la Guinée n'est plus du tout ce qu'elle était pour nous pendant la guerre au moment du départ de tous ces tirailleurs qui dépensaient leurs primes, leur solde. Nous sommes aujourd'hui en plein déclin, en pleine crise, nous ne pouvons plus facilement nous enrichir. Je vous assure que c'est la vérité ! Si nous devenons trop nombreux ici, nous, les Syriens, nous serons obligés de passer notre vie tout entière en Afrique, avec la fièvre la moitié du temps ; avouez que ce n'est pas gai. Quant à regagner notre pays natal sans un capital suffisant, il ne faut pas y songer Le voyage de retour est déjà onéreux. Puis à notre arrivée là-bas il nous faut faire des largesses si nous ne voulons pas être traités de chiens, de fils ingrats, car il est convenu que nous sommes riches. Si nous ne le sommes pas réellement, tant pis pour nous, nous sommes perdus. Méprisés pour notre maladresse ou imbécillité d'avoir manqué la fortune, nous n'aurons même pas la ressource de chercher une place, personne ne voudrait de nous, car il est convenu aussi que nous avons perdu en Afrique nos habitudes de travail et notre santé. (Et il est vrai qu'ici nos boys et nos employés font tout et que nous ne sommes plus bons à grand'chose.) Alors, que voulez-vous? Il faut nous défendre! Tenez, moi, j'ai dû louer la boutique vide qui est à côté (à propos, si quelquefois vous en aviez besoin comme atelier, je vous l'offrirais), je n'en fais rien... mais un autre Syrien viendrait s'y installer, il faudrait partager... La concurrence des commerçants indigènes? Non ; on sait les écarter et puis... l'administration ne les soutient pas. Les clients? Vous me parlez des clients... Vous savez, je n'y fais pas attention. On dit d'eux beaucoup de choses, moi je n'en peux rien dire... je ne les étudie pas. Nous, n'est-ce pas? nous ne sommes pas venus pour les civiliser, c'est l'affaire de l'administrateur, des Pères... Nous ne cherchons, nous, qu'à nous retirer au plus vite les poches pleines... alors, le reste...

10 mai.

Les trois pièces de ma case et ma large véranda sont couvertes de paille ; mon étroit jardin est couvert par la voûte fleurie des flamboyants rouges ; le sol de ce jardin est tapissé d'une herbe vert véronèse, gonflée par la pluie et criblée de milliers de zinias nains; l'espace de ma véranda est orné par les présences multiples et colorées des chefs et de leurs représentants.

Ceux-ci, des jeunes gens coquets et oisifs, sont venus me voir une première fois par politesse, puis ils sont revenus souvent parce qu'ils m'ont trouvée accueillante, enfin leur visite est devenue leur principale occupation. Ne sachant pas de français, ils ne peuvent rien me dire, mais la véranda étant spacieuse, ils s'y promènent, l'appui qui la borde étant solide, ils s'y assoient. Cela me fait toute l'après-midi une cour de jeunes pages fort discrets et de modèles fort patients. Je pense en regardant leur insouciance et leur désœuvrement à ces faux-bourdons qui encombrent et qui épuisent les ruches en décadence. Ainsi, dans ce cercle pauvre, les chefs et leurs suivants parasites se multiplient au préjudice des producteurs déjà exténués.

12 *mai.*

Je vais quitter les Kissiens et je le regrette; je ne verrai plus rien de semblable en redescendant.

— Mais n'ont-ils pas tous les défauts? protesterait l'administrateur. Les Kissiens, m'a-t-il dit, sont dissimulés, peureux, ils sont enclins à l'ivrognerie, les femmes à l'adultère et tous aux pires superstitions et aux pratiques de la magie.

Je n'ignore rien de cela. Mara a précisé que si Mamady s'attarde en son village, son frère aîné le fera mourir par les grands sorciers pour prendre son fusil qu'il convoite. Mamady lui-même m'a dit qu'à Soulakolo il regarde chaque matin avant de sortir de sa case si l'on n'a pas déposé sur son seuil un objet funeste analogue au fameux vaudou. Le jour, il recommande à sa femme de ne pas quitter le riz tant qu'il cuit, de peur qu'un passant n'y jette une poudre. Et il ne voudrait pas qu'un fils lui vienne au monde dans ce pays-ci parce que trop de vieilles sorcières, supposet-il, en seraient jalouses et le feraient mourir.

— Pourquoi donc regretter ces primitifs cruels, ces enfants attardés, sournois? me dira-t-on.

Si les Kissiens étaient des enfants, je ne les regretterais pas. Je ne regrette pas le contact des enfants, des meilleurs, plus d'une minute, je ne le regrette pas plus qu'un effet de lumière que je sais être passager. Le temps de formuler : c'est joli ! et déjà la lumière et l'être seront autre chose.

Mais ni les Kissiens, ni d'autres noirs du reste, ne sont des enfants ; ils ne le sont qu'un moment devant nous, comme nous le sommes devant eux. L'étonnement, toujours, ébranle la raison. Mais entre eux, chez eux, ces hommes et ces femmes que je viens de voir ont les voluptés et les douleurs solides que nous avons chez nous.

Lorsqu'on dit « enfant » d'un primitif, il faudrait bien savoir de qui ou de quoi l'on parle. Ne fait-on pas de confusion entre l'individu et la cellule sociale déformante où il est muré? Parmi mes chers parents et amis j'en connais dont les certitudes : la foi, les fois, ne doivent rien à la raison. Dois-je les qualifier d'enfants? Faut-il qualifier d'enfants tous les mystiques, tous les suggestionnés par la magie de l'autorité et de la religion? Et faut-il les traiter comme l'Europe traite les Noirs? Ce serait logique. En attendant, lorsque nous voyons des officiers, des prêtres, des rois qui sont nos dirigeants à titre mystique ; lorsque nous rencontrons leurs camelots et leurs féticheurs, aucun de nous ne les appellera « mes enfants », ainsi qu'eux-mêmes disent aux Noirs de la brousse.

Alors tout comme à nos « messieurs » nous devons aux Kissiens, qui sont à égal titre qu'eux nos ancêtres, la politesse convenue. On leur doit même plus de respect si l'on croit à leur antériorité sociale.

Lorsque, descendant de Guéckédou, je voyais sur le dos nu d'un de mes porteurs le tatouage triangulaire qui me rappelait sa retraite en forêt, je me disais : « Peut-être celui-là a-t-il mangé de la chair humaine au cours de quelque rituel repas. » Et je songeais à nos communiants et communiantes. Mais comparativement à ceux-ci, le Kissien a bien plus de lustre. Et, plus que le Kissien, en ont ces Lobi, terreur de la Guinée, ses voisins de frontière dont Mamady m'a raconté les mœurs prestigieuses :

— Au service, j'en ai connu un que les Français avaient pris en 1915 au recrutement en faisant soûler son village. Il ne connaissait rien des autres pays noirs parce que dans le sien c'est une habitude de tuer tous les étrangers. Les Lobi qui sont nus tirent à la flèche sur tous les pagnes, sur tous les boubous qu'ils voient passer. Mon camarade ne savait pas que chez nous on soigne très bien son père et sa mère jusqu'au dernier jour. En traversant toute la Guinée, il était très étonné, il ne comprenait rien. Il m'a dit plus tard : « Dans notre pays le dernier garçon dans une famille doit tuer son père s'il veut se marier. S'il ne le tue pas, il reste toujours comme un petit garçon et c'est personne qui le regarde. Mais le jour qu'il le tue, c'est une grande fête pour tous les villages qui viennent danser, et il prend la femme qu'il veut parce que toutes les filles disent : « Oh ! ce garçon-là, il est très bon garçon, très brave ; il a tué son père, je le veux pour mari. » Chez nous aussi, conclut Mamady on fait la grande fête après la mort des parents, lorsqu'ils sont morts tranquilles, et dix ans après pour un chef. Mais les Lobi peut-être ils aiment mieux leur père encore que chez nous, puisqu'ils sont si pressés de pleurer et danser pour lui, qu'ils le font mourir plus vite.

Je pense aujourd'hui, en me préparant à

quitter le Kissi, au mot de Mamady qui est d'un philosophe. La danse et les pleurs, l'amour et le meurtre, l'adoration et l'horreur, la peur et l'attirance, la dévotion et la révolte peuvent se coupler dans le cœur humain. Mais ce qui est épouvantable, c'est d'avoir cultivé pour des fins sociales ces morbides dualités.

Qui a fait cela? Qui donc, à l'origine, a su observer l'émotivité de notre cœur, de nos cerveaux, de notre sexe et les ont pris dans les étaux de la magie pour nous contraindre? Ainsi, par une torsion de leurs naseaux, on mène par la douleur des bêtes à la domestication.

Qui l'a fait? Tous ceux qui présentent les ouailles à tondre : tous les bergers, tous les pères, tous les tyrans, tous les névrosés de l'orgueil et de la peur, tous les grands fous furieux qu'on appelle nos sages et nos prophètes.

Oh! que vous m'émouvez, pauvres Lobi, pauvre Kissiens, pauvres fétichistes, pauvres croyants de tous les pays, qui mangez et buvez, père, fils ou dieu si dévotement! Et je ne sais plus si c'est votre innocence ou votre infirmité qui m'étonne le plus, ou la férocité, consciente ou non, de ceux qui vous l'ont infligée. Oui, quelle férocité fut et reste celle des codificateurs des tabous, des mutilations et des sacrifices, qui ont pu sans remords, pour des siècles ou pour toujours, tordre dans son axe psychique la plante gracieuse de l'humanité !

Du 15 *au* 20 *mai.*

Pour aller de Kissidougou à Kouroussa, j'ai traversé des pays malinké, islamisés depuis peu, qui ont la réputation d'être agréables et particulièrement hospitaliers. Malheureusement la saison brûlante, — les pluies ne sont pas encore arrivées ici, — l'époque du jeûne du Rhamadan et une accidentelle agitation politique furent les causes réunies de l'extrême austérité de mon voyage. J'ai fait le Rhamadan malgré moi... Et doublement, car les plus fanatiques d'entre les partisans du Prophète mangent avant l'aube : moi je ne mangeais ni de nuit ni de jour. Mes porteurs non plus. A travers les ruelles désertes, entre les carrés bourdonnants de prières, mes fétichistes kissiens, privés de leur bon riz, préféraient passer au trot, ventre vide, tels des coursiers harcelés par des taons. Ils étaient dédaigneux du mil ou de l'avare ration de riz qu'on leur servait sans sauce ; j'étais lasse à la fin du maigre poulet, du lait et des œufs.

A l'arrivée imprévue de tout Européen dans un village de la haute brousse, on entend toujours crier des poulets poursuivis, et on voit se hâter, à travers les cases, des enfants en quête d'œufs. J'ai vu souvent d'abondantes récoltes, puisqu'en conscience et de bon cœur aussi on m'apporte les œufs frais du jour aussi bien que les plus antiques, les indigènes n'en mangeant aucun. Le cuisinier les trie sur le bord d'un plat, mais l'odeur que dégage ce tri me hante....

Tandis qu'entre les verdures basses d'une courte futaie je vogue pendant six jours au roulis doux de mon hamac, j'ai le temps de récapituler avec un peu d'amertume les étapes décroissantes de la qualité de mon alimentation. A Dakar, je m'étais nourrie comme en France, sauf le remplacement du vin par le thé. A Conakry, j'avais substitué les bananes à maints légumes ; plus haut, j'avais vécu de plus de fonio et de riz, de plus de fruits : ananas, papayes, oranges ; peu de viande. A Kankan, je m'étais surtout régalée de pommes de terre ; à Siguiri, de poissons. Et depuis le 3 mars, depuis mon escalade de la Forêt, puis ma descente, depuis qu'il n'y a plus ni poissons, ni bœufs, ni fruits ; j'avais dit à mon boy, pour simplifier : poulet tous les jours, aujourd'hui rôti avec les patates, demain bouilli avec du riz, et ainsi de suite...

Mais voilà que les porteurs ne nous laissent plus le temps de faire la cuisine ; plusieurs fois ils ont franchi dans leur journée une cinquantaine de kilomètres sans presque se sustenter. Puis-je, pour les arrêter, alléguer ma faim? Puis-je vraiment souffrir de la faim plus qu'eux, qui, tout ruisselants de sueur, m'emportent, moi et mes bagages?

Je n'ose pas. J'ose d'autant moins que, malgré leur diète et leur course, ils sont de la plus agréable humeur. A la longue cela m'étonne. Et Mara m'explique :

— Il sont contents, parce qu'ils n'ont pas à payer les chefs malinké qui les nourrissent trop mal d'une poignée de mil ; alors ils gardent tout l'argent que l'administration française leur a donné.

C'est, en tout, quatorze francs par homme : sept jours de portage aller et quatorze jours de vivres aller et retour. C'est assez pour pouvoir s'acheter à Kouroussa, grande ville, une culotte ou un petit boubou de couleur.

19 *mai.*

Nous avions déjà rencontré, un peu plus haut sur notre route, la moitié de la population d'une province en exode vers une autre, en manière de protestation contre l'élection du nouveau chef du Sankharan.

Aujourd'hui, dans un village, je me trouve tout à coup au milieu d'une grande assemblée de notables aux mines graves, drapés, comme des Romains de leur toge, de boubous solennels, tandis que d'autres, à cheval, brillamment équipés, caracolent sur la place. Pour assister à cette assemblée on m'offre un siège auprès de ceux qui la président. Un interprète me répète les accusations véhémentes que chaque orateur vient lancer à son tour contre des autorités adverses, blanches et noires, vendues et pourries. Je me crois au forum et comme je n'aime pas du tout les reconstitutions historiques, même involontaires, je décline tout rôle dans ce grand tournoi de politique noire et je m'en vais.

Un seul détail amusant cueilli parmi tant d'emphases. Des chefs mélancoliques, restés dans les villages à demi dépeuplés de la province où nous avançons, viennent à mon passage m'interroger sur mon opinion personnelle au sujet des deux prétendants. Je leur retourne leur question. Ils me répondent alors que ni l'un ni l'autre ne possède les qualités exigibles d'un grand chef et qu'il en faudrait chercher un troisième plus digne : sa nomination apaiserait le conflit.

Je demande alors individuellement à chacun de ces sages, s'il ne pourrait être justement celui-là. Et j'ai la satisfaction de provoquer, chaque fois, chez mon interlocuteur, un accès d'espérance et un mouvement de générosité, souvent appréciable, à l'égard de mes porteurs.

Kouroussa. — 22 *mai*.

J'ai déballé en arrivant les quelques sculptures nègres en bois que j'ai recueillies dans mon voyage du Soudan au Kissi et je les ai exposées dans ma case. Elles sont peu nombreuses : quinze en tout. En Europe ceux qui pensent aux collections magnifiques que rapportent tels officiers ou explorateurs me railleront de ma maladresse, inconcevable chez une artiste peintre.

Il ne faudrait pas toutefois qu'on oublie qu'en me rendant en amie parmi les popula tions j'étais en mauvaise posture pour en obtenir de tels dons.

— Si je vais toucher le fétiche pour te l'apporter, me disaient mes meilleurs amis, peut-être demain je suis mort.

Il eût été difficile d'insister.

Puisque la population croit devoir à la présence des objets sacrés que les Européens convoitent, son immunité à l'égard de certains malheurs, — la stérilité, l'envoûtement, la mort, etc... — il n'est qu'un seul moyen pour ces étrangers de s'en emparer sans crime : prouver l'inefficacité desdits objets sacrés en accablant de maux leurs possesseurs. C'est ainsi qu'en détruisant plus ou moins complètement un village et ses habitants, nos colonisateurs ont pu sans aucun remords prendre les fétiches, ces fétiches nègres impuissants, qui n'ont pas su triompher de leurs rivaux blancs !

N'ayant pas à ma disposition ces moyens honnêtes, mais dispendieux, j'ai dû me contenter de la bonne volonté de certains interprètes, courtisans serviles non moins qu'esprits forts. La nuit, en complicité avec le féticheur, ils faisaient remplacer par une neuve la sculpture ancienne et m'envoyaient celle-ci clandestinement.

Des statuettes plus modernes, tout à fait dénuées de puissance occulte, sont intéressantes aussi. Deux même sont neuves. Un forgeron kissien, sur l'heure, a voulu les tailler pour moi. Elles ne révèlent rien de nouveau sur le couple humain, mais elles témoignent de façon très nette, par leur rigidité, que ce couple-là n'est pas sorti du ventre des femmes ni du cœur des choux, comme ceux de Puech, mais bien d'un vrai morceau de bois dur affectionné par l'artisan naïf. L'âme qu'il leur a donnée se lit par des formes qui mettent le bois à son avantage : larges plans à arêtes, facettes, amples rondeurs.

Matérialiser l'âme du bois d'abord, lui incorporer l'âme humaine ensuite, délicatement, c'est la bonne méthode. Si j'étais directrice d'une école d'art je ne ferais jamais débuter mes élèves par le dessin d'un œil ou même d'un objet quelconque. Je voudrais leur voir tailler un tabouret dans le bois, un cube dans de la pierre, natter des tresses dans de la paille, tracer des traits noirs sur du papier blanc. Il faut être sensible aux beautés des matières pour mettre ces beautés au service des cœurs.

Qui parle de « dessin » conçu abstraitement ?

Le dessin est la conséquence de l'œuvre d'un artiste, mais la matière est son point de départ. Les statuettes et les masques que j'ai sous les yeux sont faits par des gens qui n'ont point « dessiné », heureusement pour eux et pour nous.

J'ai aussi de petites têtes en pierre travaillées par des artisans qui aimaient la pierre comme elle veut l'être et ne lui demandaient pas le luxe du bois. On attribue leur création à un peuple très antérieur aux Kissiens ; et cependant, sous le nom de piomdo, ceux-ci les revendiquent.

— Quelques jours après l'enterrement d'un notable du Kissi, m'explique, d'après les dires indigènes, M. Ch..., la croûte de terre qu'on a piétinée sur la tombe du mort se crève un beau matin à une petite place comme pour livrer passage à un champignon, et c'est un piomdo qui surgit. A l'époque des saccages causés par les occupations successives des Malinkê et des Français, plusieurs villages kissiens furent désertés. Je trouvai plus tard, poursuit M. Ch..., sur leurs ruines, de petits amoncellements de piomdos, la plupart brisés. J'en gardai trois, mieux conservés. Un indigène reconnut un jour l'un d'eux dans ma case et me le réclama. Il savait un peu de français : « Il est à moi, protestait-il, c'est la photo de mon grand-père. »

En manière de critique méprisante on a dit que les œuvres nègres se ressemblaient toutes. Je suis au contraire effrayée de la multiplicité des types humains que le hasard a seul rassemblés dans mes mains en si peu de pièces. Ce n'est pas seulement d'un pays à un autre, mais souvent dans le même pays, que la conception de la forme humaine subit les plus hardies, les plus antagonistes des transpositions : visages longs et convexes, concaves ou plats, nez et fronts de toutes longueurs et largeurs, bouches saillantes parfois, mais le plus souvent minces ou absentes, trous ou saillies figurant les yeux, etc...

Expression des traits des races nègres diverses? Nullement. Y a-t-il même des traits nègres, des formes nègres dans les bois nègres? Il y en a, mais c'est peut-être parce qu'il y a de tout. J'ai un masque qui rappelle bien celui de François Ier, un autre évoque Beethoven, un autre, au petit nez retroussé, aux cheveux tirés, fait penser à une marquise du XVIIIe siècle. Plusieurs, couronnés de pointes, oblongs, semblent créés pour servir de heaume à nos chevaliers du moyen âge.

Portraits de l'ancêtre influencés par les

proportions, par le type de l'animal totémique? Soit, dans un détail ; mais, dans l'ensemble, rien des bêtes, rien de la bête. Rien que de l'humain, mais le plus généralement, le plus profondément et le moins racialement qu'il est possible.

23 *mai.*

Sur l'ample flanc d'une colline exposée à l'est, par une matinée blanche, laiteuse de la terre au ciel, la cérémonie musulmane de fin de Rhamadan se déroule. Le défilé des dignitaires religieux, des chefs politiques, de leur suite et de leurs femmes est très beau, parce que l'atmosphère, ainsi qu'un prisme, crible royalement d'or tout le cortège. J'aime moins, au moment du salam le vaste moutonnement informe des croupes blanches et bleues des fidèles, amplifiées par les boubous. L'immobilité des femmes, voilées et restées debout pendant ce même temps, est, au contraire, très élégante. La tête amplifiée par le voile, les chevilles nues à peine visibles de loin, elles ne semblent qu'à peine toucher au sol, telle une pépinière de grandes et oblongues feuilles de cactus blonds.

De fin mai à fin juin.

Avant mon départ, quelques jours passés à Kouroussa, quelques semaines passées à Conakry m'ont permis de retrouver les visages déjà vus en montant et d'en connaître de nouveaux. Sauf exceptions, les indigènes m'ont accueillie avec plus de méfiance qu'à mon arrivée et les européens avec plus de confiance. Les indigènes pensent que mon contact répété avec des coloniaux a dû me faire perdre l'âme métropolitaine dont ils avaient plus à espérer. Les européens, au contraire, pensent que j'ai acquis dans la brousse ce sentiment confortable de puissance, de domination, qui dispose à voir sous un angle péjoratif les actes des « sujets » français.

— Vous avez dû éprouver de grandes désillusions à voir les nègres tels qu'ils sont, m'ont dit les personnes qui avaient notion de mon livre *Des Inconnus chez moi*, inspiré par les tirailleurs sénégalais observés en France.

Il m'a bien fallu avouer que non seulement ils ne m'avaient pas déçue, mais qu'ils m'avaient émerveillée. C'est, m'a-t-on affirmé, un cas des plus rares. La plupart des voyageurs ayant comme moi séjourné dans la brousse pendant près d'une année reviennent convaincus des horribles défauts que l'on reproche aux noirs.

Si j'ai la conviction contraire, le dois-je à plus de sagacité naturelle? Je n'ai pas tant de prétention. J'estime que je le dois simplement à une chance, à la chance de n'avoir pas été gênée dans mes observations par l'envoûtement du réquisitoire contre les observés, que mes émules ont subi pendant leur voyage. Et ma chance tient toute à l'opportunité de mes souvenirs.

Dans les chefs-lieux de cercles, quand on me répétait que les Noirs sont menteurs, voleurs, paresseux, ingrats, ces mots à mes oreilles perdaient de leur vertu, parce que je me rappelais trop bien les avoir entendu prononcer, — les mêmes exactement, — dans ma petite enfance, par ma vieille tante à propos de ses bonnes, par mon oncle à propos de ses ouvriers.

— Croiriez-vous que ce nègre voudrait aller en France pour faire ses humanités? A ce noir de cirage, comme cela lui irait! m'a dit le mois dernier M. X... de l'un de ses subordonnés.

Et moi je pensais à ce dialogue amusant, si frais encore à ma mémoire, entre ma mère et sa belle-sœur :

— J'ai vu hier, dans la chambre de ma

nouvelle bonne, un porte-plume, de l'encre, du papier.

— Non, comme c'est drôle !

— Je voudrais bien voir les lettres qu'elle écrit. Une vraie fille de paysans... Qu'est-ce qu'elle peut bien avoir à dire?

Et mon oncle disait de ses ouvriers blancs qu'ils étaient « une sale race » ingrate et arriérée, une race pourrie. Et personne ne s'en étonnait. Jamais, en Europe, des subordonnés, des serfs, des vaincus, ne se sont étonnés que leurs conquérants ou leurs maîtres les traitassent de « sale race ». Race en langage du plus fort veut dire classe ; nul ne l'ignore. C'est si conforme à la logique de l'intérêt que c'en est presque confortable pour tout le monde. Pourquoi les Africains s'en émeuvent-ils? L'injure de « sale race » justifiée en France ne l'est donc plus ici?

Je me suis informée.

Un interprète malinké m'a dit :

— Les indigènes sont étonnés que les plus grands négrophobes soient aussi de grands amateurs de femmes noires.

Et un fonctionnaire français, soi-disant indigénophile, m'a encore confié :

— Je recevrais volontiers certains jeunes Noirs intelligents et assez cultivés ; mais je vis ici avec ma famille : avec mes filles et une jeune sœur, — je ne voudrais tout de même pas, en cas de passion, « salir » notre race !

Sur ce dernier point je peux le rassurer. Souvent sur ma palette j'ai mélangé du noir avec du blanc, avec du brun, du jaune, du rouge et cela m'a toujours donné de jolies choses, selon mon avis, l'avis de tous les peintres, de tous les amateurs d'art et d'humanité. Mais le mot « passion » qu'il a prononcé est gros de conséquences. Si entre Blancs et Noirs, en dépit du contrat de vaincu à vainqueur, d'ouvrier à patron, existe une attraction de couleur et de formes, une attraction sexuelle, le grief de race est dénué de sens. Tel serait le reproche entre amants et maîtresses d'être de sexes différents. Ce serait d'idiots. Les Blancs le seraient-ils ?

Mais voici la visite d'un jeune instituteur ouolof. Il est le possesseur d'un type que j'estime le plus joli de tous les types noirs. Mains et taille très fines, pas trop arabisées cependant ; quant au visage, pas trop aiguisé en profil : nez de chat, joues pleines, front bombé et soyeux, œil très abondamment bordé de cils, de cils rebroussés comme est rebroussée aussi sa lèvre supérieure pour donner à l'ensemble une expression mutine et naïve à la fois.

Mon visiteur est vif ; vite entré, vite il parle, vite il court à ses buts. On dirait d'un frelon froissé :

— Que nous reprochent-ils? Que me reprochent-ils, par exemple, à moi personnellement? Je gagne ma vie, je suis sobre, je lis, je tiens propres mes vêtements, je n'ai qu'une femme, quoique musulman, et je l'aime, je la gâte. Pourquoi m'en veulent-ils d'être noir? Ils voudraient me cracher au visage ou me frapper de leurs souliers parce que je suis noir ! Qu'est-ce qu'ils ont?

Il s'arrête, hésite, puis :

— Ce n'est pas cela que je voulais dire. J'étais venu vous poser une question, si vous permettez... Voilà : savez-vous s'ils ont l'intention de nous faire disparaître comme les Océaniens?

J'ai bêtement essayé de le réconforter par ces lieux communs : l'inacclimatement des Blancs, leur préoccupation, hélas, intéressée de multiplier les Noirs...

Oh ! combien bêtement, en effet, car je m'étais ainsi éloignée de sa question. Je l'avais même renversée ainsi qu'il l'avait fait étourdiment lui-même. Après son départ j'ai beaucoup réfléchi et j'ai trouvé que ce ne sont pas les Blancs qui font disparaître les Noirs comme il le croit, comme je le croyais, par le fait qu'ils en tuent beaucoup et souvent. Ce sont les Noirs qui, déraisonnablement, par ignorance, par candeur, par pudeur, se suicident... parce qu'ils sont Noirs !

J'aurais dû répondre au joli Ouolof :

— Ils ne sont pas coupables tous ceux qui veulent vous cracher au visage ou vous frapper de leurs souliers. C'est vous qui êtes fous. Vous êtes fous de mépriser votre couleur, le noir. Vous êtes aussi fous qu'une flamme, qui par pudeur de brûler des doigts, s'éteindrait. Le Noir, de tous les tons, est le plus remarquable. Un chat noir porte malheur ou bonheur. Les Noirs, de tous les hommes, sont les plus remarqués. Leur seule vue trouble les regards et les hypnotise. Mais vous êtes pudiques excessivement. De votre attrait puissant, de votre chance, tout comme de son sexe une innocente fille, vous, vous faites un crime, jusqu'à en mourir ! Quant aux insultes à votre dépendance, à l'infériorité de votre rang social, elles importent peu, ces agaceries passagères, croyez-m'en — croyez-en un peintre, — vous qui possédez l'inégalable génie d'être noir !

FIN

BIBLIOTHÈQUE D'HISTOIRE DE LA FRANCE

TABLE DES MATIÈRES

ACHEVÉ D'IMPRIMER
POUR F. RIEDER ET Cie
PAR FLOCH A MAYENNE
LE 25 OCTOBRE 1925

F. RIEDER ET Cie, ÉDITEURS — PARIS

Extrait du Catalogue

LUCIE COUSTURIER : *MES INCONNUS CHEZ EUX.* I : *MON AMIE FATOU CITADINE*

Un volume in-16, broché : 7 fr. 50

JEAN JAURÈS :: :: :: :: *PAGES CHOISIES*

Un volume in-8°, broché 10 fr.; relié 16 fr.

— *DISCOURS A LA JEUNESSE*

Une brochure in-16, 24 pages : 0 fr. 75

L. LÉVY-BRUHL :: :: :: :: *JEAN JAURÈS*

Esquisse biographique. Nouvelle édition augmentée de lettres inédites.

Un volume in-16, broché : 6 fr. 50

J. CARRÈRE et G. BOURGIN :: :: *MANUEL DES PARTIS POLITIQUES EN FRANCE*

Un volume in-16, demi-cartonné : 9 fr.

RAYMOND D'ÉTIVEAUD :: *UNE JEUNESSE*

Témoignage contemporain.

Un volume in-16, broché : 6 fr. 50

PAUL COLIN :: :: *ALLEMAGNE* (1918-1921)

Un volume in-16, broché : 7 fr.

JEAN DE SAINT-PRIX :: *LETTRES* (1917-1919)

Un volume in-16, broché : 7 fr.

CH. ANDLER :: :: :: :: :: *LE MANIFESTE COMMUNISTE DE K. MARX* et *F. ENGELS*

Introduction historique et commentaire.

Un volume in-16, broché : 4 fr.

www.ingramcontent.com/pod-product-compliance
Ingram Content Group UK Ltd.
Pitfield, Milton Keynes, MK11 3LW, UK
UKHW022008170726
13837UKWH00001B/64

9 782329 196978